PROCESSOS ADMINISTRATIVO E JUDICIAL NA SPU – Superintendência de Patrimônio da União

Georges Louis Hage Humbert
Carlos Sérgio Gurgel da Silva

PROCESSOS ADMINISTRATIVO E JUDICIAL NA SPU – Superintendência de Patrimônio da União

PREFÁCIO
Prof. Dr. Vladimir da Rocha França

GZ EDITORA

Rio de Janeiro
2023

1ª edição – 2023

Diagramação: *Olga Martins*

CIP-BRASIL. CATALOGAÇÃO NA PUBLICAÇÃO
SINDICATO NACIONAL DOS EDITORES DE LIVROS, RJ

H899p

Humbert, Georges Louis Hage
Processos administrativo e judicial na SPU : Superintendência de Patrimônio da União / Georges Louis Hage Humbert, Carlos Sérgio Gurgel da silva. - 1. ed. - Rio de Janeiro : GZ, 2023.
156 p. ; 24 cm.

Inclui bibliografia e índice
ISBN 978-65-5813-070-3

1. Brasil. Secretaria do Patrimônio da União. 2. Propriedade pública - Brasil. 3. Direito administrativo - Brasil. I. Silva, Carlos Sérgio Gurgel da. II. Título.

23-83781 CDU: 342.9(81)

Meri Gleice Rodrigues de Souza - Bibliotecária - CRB-7/6439

02/05/2023 09/05/2023

contato@editoragz.com.br
www.editoragz.com.br
Estrada do Capuava, nº 1325 - Box Q - CEP 06715-410
Bairro Barro Branco - Município de Cotia - SP
Tels.: (0XX21) 99585-0737 / 99755-0737

Impresso no Brasil
Printed in Brazil

Aos servidores da SPU-BA, que me acolheram, como família e amigos, durante a minha gestão, e atuam com competência e elevado interesse público em defesa do patrimônio da União.

À Mirela, Gegeo e Tetê, forças motrizes de amor que impulsionam minha vida.

À Deus, sempre.

Georges Humbert

Ao Senhor Jesus, autor e consumador de minha Fé.

À minha esposa Silvana e meus filhos Igor e Esther.

Carlos Sérgio Gurgel

APRESENTAÇÃO

A obra que ora se apresenta ao leitor surge para suprir uma lacuna existente hoje no direito administrativo brasileiro: a de explorar os meandros processuais que fazem parte da rotina administrativa na Secretaria do Patrimônio da União (SPU), órgão estratégico da estrutura do Ministério da Economia, responsável pela gestão do Patrimônio da União. Como é sabido, entre as diversas atribuições e responsabilidades deste órgão está a de realizar a autorização necessária para a ocupação dos imóveis públicos federais, o que deve fazer estabelecendo diretrizes para alienação de imóveis, cessão onerosa ou gratuita, entre outras formas de destinação. Também deve promover a gestão dos terrenos de marinha, das praias marítimas e fluviais e o controle do uso dos bens de uso comum do povo.

No ***primeiro capítulo***, apresenta-se a essência e estrutura da Superintendência do Patrimônio da União: seu regime jurídico, suas competências, atos, contratos e instrumentos administrativos, processos administrativos e legislação típica e selecionada. Trata-se de um mergulho, indispensável para quem deseja conhecer os trâmites dos mais variados serviços e manifestações administrativas.

No ***segundo capítulo*** apresenta-se, em maiores detalhes, o processo administrativo em trâmite na Secretaria do Patrimônio da União, ocasião em que se apontam os fundamentos do processo administrativo e sua aplicação, os impactos da Lei da Liberdade Econômica e da Lei de Introdução às Normas do Direito Brasileiro e da Lei de Abuso de Autoridade nos processos administrativos que ali têm curso.

No ***terceiro capítul***o faz-se uma exposição minuciosa das aproximações e distinções entre o processo administrativo e o processo judicial da SPU, situando o leitor no seguinte roteiro de abordagens: a) definição do que é o Patrimônio da União e especificamente o que são terrenos de marinha, acrescidos de marinha, terrenos marginais, terras devolutas e quais são os métodos e procedimentos administrativos e judiciais necessários para consolidar a instituição e fruição dos mesmos como patrimônio da União; b) posição histórica da evolução dos terrenos de marinha no Brasil; c) a relação dos terrenos de marinha com outras ciências; d) considerações sobre o processo de ocupação do território brasileiro; e por fim, e) exposição detalhada da principal orientação normativa a reger a demarcação dos terrenos de marinha, bens da União que dentre os demais é o que mais gera controvérsias e o impacta mais a vida do cidadão brasileiro. Trata-se da Orientação Normativa nº 002 – ON GEADE 002 da SPU.

No ***quarto capítulo*** do presente livro apresenta-se a definição de área urbana e rural no âmbito da Secretaria do Patrimônio da União, o que tem gerado diversas controvérsias e esforços distintos de interpretação.

No ***quinto e último capítulo***, aborda-se o tema da demarcação de terras e comunidades tradicionais, em exposição que ressalta o devido processo legal, os princípios da proporcionalidade, razoabilidade e função social, econômica e ambiental da propriedade.

Por fim, como forma de efetivar, em termos práticos, alguns elementos da abordagem administrativa e judicial exposta ao longo da presente obra, apresenta-se um modelo de ação que visa questionar e desconstituir cobranças de taxas pela utilização de terreno de marinha.

Longe de termos a expectativa de esgotar o assunto, lançamos à crítica pátria a presente obra, que certamente será ampliada e revista em edições posteriores, em sinal claro de que reconhecemos o direito como um fato social e político em constante transformação, cujas relações e aplicações se espraiam em uma teia de enunciados e aplicações quase infinitos. Segue, portanto, nossa contribuição ao debate que ainda, infelizmente, se apresenta muito tímido.

Natal (RN) e Salvador (BA), abril de 2023.

Os autores

PREFÁCIO

Quando a expedição lusa comandada por Pedro Álvares Cabral chegou ao que hoje chamamos Brasil, em 22 de abril de 1500, todos os bens economicamente apreciáveis constantes da terra revelada passaram a integrar do domínio do Reino de Portugal e dos Algarves.

Na medida em que esses bens ou o direito de explorá-los ia sendo repassados ou concedidos pelo rei português à iniciativa privada, eles passaram a integrar a esfera jurídica dos súditos que não se encontravam escravizados no Brasil.

Mas não deixa de ser interessante anotar que, durante o período colonial, tanto a propriedade pública como a propriedade privada estiveram submetidos modelos jurídicos legais com baixa efetividade, enquanto a área não despertasse interesse do rei ou dos súditos que lhe eram mais caros ou próximos. Modelos jurídicos que, aliás, refletiam a visão político-jurídica patrimonialista de Sociedade que atravessou o Oceano Atlântico.

Com o surgimento do Império do Brasil, os bens da coroa lusa passaram a integrar o domínio da coroa brasileira. Embora tenha existido sob a égide de uma constituição liberal, os modelos jurídicos infraconstitucionais foram adaptados com baixa celeridade à visão político-jurídica liberal. Fato que tornou insegura a discriminação entre o patrimônio público e o patrimônio privado no Brasil, malgrado as tentativas de reforma fundiária do Governo Imperial.

Com o golpe de Estado de 15 de novembro de 1889, o Império substituído pela República. República esta que sofreu seis reestruturações até chegarmos ao Estado Democrático de Direito instituído pela Constituição Federal vigente desde 5 de outubro de 1988.

Recorde-se que a República se tornou a legítima sucessora dos bens e direitos do Império. E, ainda que com percalços, e com bastante atraso, a República fez chegar ao Brasil, com maior celeridade, modelos jurídicos de propriedade mais próximos das necessidades socioeconômicas e técnico-científicas da Sociedade brasileira.

Embora a primeira constituição republicana tenha reestruturado integralmente a forma de Estado, a forma de governo, o sistema de governo e o sistema de jurisdição, a insegurança no direito de propriedade e na propriedade pública continuaram a persistir, ainda que com menor intensidade. Com efeito, o patrimonialismo tem sido desidratado no progresso das instituições republicanas até os dias atuais; mas a propriedade no Brasil ainda carece da ordem que torna possível do desenvolvimento socioeconômico e técnico-científico numa Sociedade democrática.

De todo modo, houve uma evolução lenta e gradual na proteção da propriedade privada e na gestão dos bens públicos, direcionada à promoção da segurança jurídica e da igualdade entre os cidadãos perante a lei, sem prejuízo da função social desses institutos jurídicos.

Na obra que se encontra nas mãos do leitor, os professores Georges Louis Hage Humbert e Carlos Sérgio Gurgel da Silva procuram contribuir para o aperfeiçoamento do regime jurídico dos bens públicos e do direito fundamental de propriedade, por meio da compreensão desses modelos jurídicos e de sua aplicação pela Administração Pública Federal, por meio da Secretaria do Patrimônio da União.

Por fim, registre-se que a abordagem dada pelos autores inova na medida em que prestigia o devido processo legal administrativo, apresentando soluções práticas para problemas antigos. Muitos deles, certamente, gerados pelos resquícios do patrimonialismo, que anda sempre de mãos dadas com o intervencionismo estatal.

Natal, 2 de maio de 2023.

Vladimir da Rocha França

Mestre em Direito Público pela Universidade Federal de Pernambuco. Doutor em Direito Administrativo pela Pontifícia Universidade Católica de São Paulo. Professor Titular de Direito Administrativo pela Universidade Federal do Rio Grande do Norte.

SOBRE OS AUTORES

GEORGES LOUIS HAGE HUMBERT

WWW.HUMBERT.COM.BR – www.georgeshumbert.com.br

georges@humbert.com.br

- Foi Superintendente de Patrimônio da União
- Advogado e professor, com mais de duas décadas de carreira jurídica
- Doutor e mestre em direito pela Pontifícia Universidade Católica de São Paulo
- Pós-doutor pela Faculdade de Direito da Universidade de Coimbra – Portugal
- Presidente do Instituto Brasileiro de Direito e Sustentabilidade – Ibrades
- Membro da comissão de defesa do meio ambiente da OAB/BA
- Membro do Instituto dos Advogados Brasileiros – IAB
- Ex-membro do Conselho Nacional de Meio Ambiente (Conama)
- Ex-membro do Comitê de Respostas à Desastres do Conselho de Governo da Presidência da República
- Foi Gerente de Projetos do Ministério do Meio Ambiente
- Foi Superintendente de Políticas Ambientais do Estado de Goiás
- Foi assessor especial da Secretaria-Geral da Presidência da República
- Foi assessor especial da presidência dos correios
- Foi membro do Conselho de Meio Ambiente da Federação das Indústrias do Estado da Bahia

CARLOS SÉRGIO GURGEL DA SILVA

sergiogurgeladvocacia@gmail.com

- Foi Secretário Municipal de Tributação do Município de Pau dos Ferros, Estado do Rio Grande do Norte
- Advogado e professor universitário, com mais de duas décadas de carreira jurídica;
- Doutor pela Faculdade de Direito da Universidade de Lisboa (Portugal);
- Mestre em direito pela Universidade Federal do Rio Grande do Norte

- Presidente da Comissão de Direito Ambiental da OAB/RN (2022-2024);
- 1º Secretário do Instituto de Direito Administrativo Seabra Fagundes (IDASF);
- Membro da comissão de defesa do meio ambiente da OAB/BA
- Membro do IBRADES;
- Membro da Associação Brasileira da Advocacia Ambiental (UBAA);
- Membro do Conselho Estadual de Meio Ambiente do Estado do Rio Grande do Norte (Conema);
- Membro do Comitê Científico do Geoparque Seridó (UNESCO);
- Advogado Ambiental desde 2004;
- Especialista em Direitos Fundamentais e Tutela Coletiva pela Fundação Escola Superior do Ministério Público do Rio Grande do Norte - FESMP/RN (2007);
- Geógrafo desde 1999;
- Professor efetivo da Universidade do Estado do Rio Grande do Norte;
- Conselheiro Suplente do Conselho Estadual de Recursos Hídricos e Meio Ambiente do Estado do Rio Grande do Norte (2017 a 2019);
- Conselheiro Seccional da Ordem dos Advogados do Rio Grande do Norte (OAB/RN),
- Membro do Conselho Científico da Revista de Filosofia do Direito, do Estado e da Sociedade - FIDES/UFRN e da Revista Direito e Liberdade da Escola da Magistratura do Estado do Rio Grande do Norte;
- Foi membro titular da Câmara Setorial de Comércio e Serviços do Estado do Rio Grande do Norte (2019-2022);
- Conselheiro Titular no Conselho da Cidade (CONCIDADE) do Município de Natal;
- Conselheiro Suplente no Conselho Municipal de Planejamento Urbano e Meio Ambiente (CONPLAM);
- Associado da Associação dos Professores de Direito Ambiental do Brasil - APRODAB;
- Vice-líder do Grupo de Pesquisa Direitos Fundamentais e Desenvolvimento da Universidade do Estado do Rio Grande do Norte.

SUMÁRIO

Capítulo I

SUPERINTENDÊNCIA DE PATRIMÔNIO DA UNIÃO

1.1. Regime jurídico da SPU

O Patrimônio Imobiliário da União tem papel essencial na estratégia de desenvolvimento do país na medida em que provê o insumo fundamental - espaço físico - para assentamento das ações e projetos de interesse público.

Assim, incidem para a sua gestão, os princípios gerais de Direito Público, que nas palavras de Carlos Ari Sundfeld podem ser classificados como: a) autoridade pública; b) submissão do estado à ordem jurídica; c) função; d) igualdade dos particulares perante o Estado; e) devido processo; f) publicidade; g) responsabilidade objetiva; h) igualdade das pessoas políticas.

Obtempera o mencionado jurista: "O primeiro princípio (a) evidencia o fato de o direito público regular exercício de poder político, gerando, portanto, a outorga ao Estado de poderes especiais frente aos particulares. Todos os demais, com exceção do último (b até g), traduzem limites à autoridade, visando controlar o exercício do poder político e proteger seus destinatários, de modo a realizar o equilíbrio entre autoridade e liberdade. Por derradeiro, a igualdade das pessoas políticas (h) é princípio de organização do exercício de poder."

Trata-se, o processo na SPU, de objeto Direito Administrativo. Com efeito, a disciplina jurídica dos espaços habitáveis integrava um dos capítulos deste ramo do Direito. Neste passo, não se pode olvidar que o Direito Administrativo é o ramo do Direito Público que disciplina a função administrativa e os órgãos que a exercem. Do exposto, verifica-se que, a despeito de estarmos diante de disciplina jurídica autônoma, a adequada compreensão, aplicabilidade e interpretação das normas de Direito Urbanístico não pode ser concebida senão também sob a égide do regime jurídico de Direito Administrativo.

Sobre este, comezinha é a lição do Professor Celso Antônio Bandeira de Mello: "Partindo do universal para o particular, diríamos que o Direito Administrativo, entroncado que está no Direito Público, reproduz, no geral, as características do regime de Direito Público, acrescidas àquelas que o especificam dentro dele"

Continua o autor: "Aquele resulta da caracterização normativa de determinados interesses como pertinentes à sociedade e não aos particulares considerados em sua individuada singularidade."

E conclui: "Juridicamente esta caracterização consiste, no Direito Administrativo, segundo nosso modo de ver, na atribuição normativa peculiar que, fundamentalmente, se delineia em função da consagração de dois princípios: a) supremacia do interesse público; b) indisponibilidade, pela Administração, dos interesses públicos."

Portanto, é norteado por esses princípios, verdadeiros axiomas, de Direito Administrativo, além dos insculpidos no art. 37 da Constituição: legalidade, impessoalidade, moralidade, publicidade e eficiência.

Esse patrimônio, descrito no art. 20 da Constituição Federal, pertence a todos os brasileiros e se submete a normas jurídicas de direito indisponível, além de estabelecer direitos e deveres para além dos meramente individuais e subjetivos, mas também objetivos, coletivos e difusos. Disto decorre que, também em regra, envolvem os atos jurídicos em debate atributos como o da indisponibilidade, impossibilidade de transação, a tutela processual coletiva, publicidade e sujeição a defesa pelas ações constitucionais como a Ação Popular, o Mandado de Injunção e a Ação Civil Pública, por exemplo.

A propriedade é um bem, é coisa encontrada na natureza suscetível de apropriação pelo homem, em regra, para satisfação das suas necessidades, de seus anseios. Ao apropriar-se de determinado bem, de determinada coisa encontrada na natureza, o homem passa a exercer sobre esta o domínio, surgindo, destarte, relação entre o homem e o bem.

O Direito, como ordem da conduta humana, também rege a integração entre o homem e os bens suscetíveis à apropriação.

Desta forma, o direito de propriedade nada mais é do que "a expressão juridicamente reconhecida à propriedade. É o perfil jurídico da propriedade. É a propriedade, tal como configurada em dada ordenação normativa. É, em suma, a dimensão ou âmbito de expressão legítima da propriedade: aquilo que o direito considera como tal." O direito de propriedade se refere à tutela jurídica, à forma pela qual o direito regula, ao tratamento jurídico incidente sobre este fato social que, nesses termos, ante o contorno legal que lhe é conferido, passa a ser um fato jurídico, um interesse juridicamente protegido.

Em outras palavras, o direito de propriedade é direito subjetivo conformado pelas faculdades do detentor de poder usar, gozar e dispor do bem sobre o qual incide este direito.

Os civilistas costumam denominar como sendo o direito das coisas, o conjunto de normas reguladoras das relações entre os homens e as coisas encontradas na natureza e, sob a rubrica direitos reais, todo aquele "direito que se prende à coisa, prevalecendo com a exclusão da concorrência de quem quer que seja, independendo para seu exercício da colaboração de outrem e conferindo ao seu titular a possibilidade de ir buscar onde quer que se encontre, para sobre ela exercer seu direito".

Suas diversas espécies, o da propriedade imóvel é, em larga medida, delimitado pelo Direito Privado, que confere o seu perfil legal. Para tanto, basta notar que apenas no Código Civil brasileiro existem quase três centenas de dispositivos dedicados à espécie.

Anota, com precisão, Carlos Ari Sundfeld que "o direito privado e, nele, a propriedade, foram construídos em torno de uma noção de liberdade altamente individualista, descomprometida com uma preocupação coletiva e social, que seria exclusiva do Estado", quando, acrescente-se, dominavam o perfil jurídico da propriedade o individualismo e a autonomia da vontade, historicamente tão prestigiados pela legislação civil, especialmente com a Declaração dos Direitos do Homem, em França, século XIX.

Entretanto, impende salientar que, atualmente – notadamente após a edição da Constituição Mexicana de 1917, e da Constituição de Weimar, de 1919 – é das constituições que se passou a extrair os elementos basilares que compõem o perfil jurídico da propriedade, pelo que não se pode compreendê-lo senão a partir da Constituição e sob a égide, ainda que com temperamentos, do Regime Jurídico de Direito Público.

Esta noção, este alerta preliminar é imprescindível para escorreita compreensão e estudo da função social da propriedade urbana e suas implicações decorrentes. Noutro passo, já diante do ordenamento jurídico em vigor, faz-se necessária uma abordagem, ainda que breve, acerca da noção e do regime conferido aos bens pelo sistema legal brasileiro.

Apesar da regulação perpetrada pela Constituição Federal e de, em larga medida, referir-se a questões pertinentes ao Poder Público, é na legislação civil e, por consequência, na doutrina civilista, que se encontram, respectivamente, a ordenação e análises científicas mais detidas sobre os bens, sobre as coisas, enfim, sobre as propriedades.

Depois de classificar os bens em imóveis e móveis, fungíveis ou consumíveis, divisíveis, singulares ou coletivos e reciprocamente considerados, o Código Civil apresenta, por exclusão, a distinção entre bens públicos e privados, distinção esta de grande relevância para o Direito Público e para a abordagem ora ensaiada, senão vejamos.

Prescreve, no art. 98, que são públicos os bens do domínio nacional pertencentes às pessoas jurídicas de direito público interno, "isto é, União, Estados, Distrito Federal, Municípios, respectivas autarquias e fundações de Direito Público (...), bem como os que, embora não pertencentes a tais pessoas, estejam afetados à prestação de um serviço público".

Ainda consoantemente o mencionado diploma legal, todos os demais são particulares, seja qual for a pessoa a que pertencerem. Logo na sequência o art. 99 preceitua que são bens públicos:

> I – os de uso comum do povo, tais como rios, mares, estradas, ruas e praças;
>
> II – os de uso especial, tais como edifícios ou terrenos destinados a serviço ou estabelecimento da administração federal, estadual, territorial ou municipal, inclusive os de suas autarquias;

III – os dominicais, que constituem o patrimônio das pessoas jurídicas de direito público, como objeto de direito pessoal, ou real, de cada uma dessas entidades.

Não dispondo a lei em contrário, consideram-se dominicais os bens pertencentes às pessoas jurídicas de direito público a que se tenha dado estrutura de direito privado.

Tais bens integram o espectro de domínio do Poder Público. Em poucas palavras: sua propriedade pertence a uma das pessoas jurídicas de Direito Público supramencionadas. Diante disto, têm-se que os citados bens públicos estão, em regra, submetidos a um regime jurídico específico, de Direito Público, previsto, essencialmente, na Constituição, e também no Código Civil e em outras leis esparsas.

Por força do art. 100 da Constituição da República, os bens públicos são impenhoráveis. Ademais, não são suscetíveis de usucapião, como prevêem, entre outros dispositivos, os arts. 183, §3º e 191 da Carta Magna e o art. 102 do Código Civil. Finalmente, os bens públicos possuem, como regra, a característica da inalienabilidade (CC, art. 100). Disse-se como regra, porque a própria lei pode prever a alienabilidade, como na hipótese do bem ser dominical ou, se de uso comum ou especial, não estiver afetado ao destino que lhe é precípuo, sempre, em todos os casos, observadas as exigências legais.

Note-se que o regime jurídico específico dos bens públicos não prever a exclusão da incidência do dever de cumprimento da função social da propriedade. Portanto, a propriedade pública submete-se à verificação da função social.

Estes são os traços, os caracteres peculiares, enfim, o regime jurídico próprio que distinguem as propriedades de pessoas jurídicas de Direito Público daquelas que integram o patrimônio particular.

Os bens de domínio da União apresentados pelos incisos III, IV, VI e VII do art. 20 da Constituição Federal de 1988 sob gestão da Secretaria de Coordenação e Governança do Patrimônio da União da Secretaria Especial de Desestatização, Desinvestimento e Mercados do Ministério da Economia serão devidamente caracterizados, para fins de gestão patrimonial e de regularização do direito real, conforme o disposto no Decreto-Lei nº 9.760, de

1946, na Constituição Federal de 1988 e na legislação patrimonial da União vigente.

São bens de domínio da União: contemplados por esta instrução normativa:

a) os lagos, rios e quaisquer correntes de água em terrenos de seu domínio, ou que banhem mais de um Estado, sirvam de limites com outros países, ou se estendam a território estrangeiro ou dele provenham, bem como os terrenos marginais e as praias fluviais;

b) as ilhas fluviais e lacustres nas zonas limítrofes com outros países; as praias marítimas; as ilhas oceânicas e as costeiras, excluídas, destas, as que contenham a sede de municípios;

c) os terrenos de marinha e seus acrescidos, definidos a partir de uma profundidade de 33 (trinta e três) metros medidos horizontalmente, para a parte da terra, a partir da posição da Linha do Preamar Médio de 1831 – LPM, nos termos do art. 2º do Decreto-Lei nº 9.760, de 1946. Os terrenos marginais são bens constitucionais da União, definidos como aqueles terrenos banhados pelas correntes navegáveis, fora do alcance das marés, que vão até a distância de 15 (quinze) metros, medidos horizontalmente para a parte da terra, contados desde a Linha Média das Enchentes Ordinárias de 1867 – LMEO, nos termos do art. 4º do Decreto-Lei nº 9.760, de 1946. Na forma do art. 20 da Constituição Federal de 1988 e do Decreto-Lei nº 9.760, de 1946, os terrenos marginais da União localizam-se junto aos rios, lagos ou outras águas públicas de uso comum navegáveis, fora do alcance das marés, que: banhem mais de uma Unidade da Federação; sirvam de limites com outros países; estendam-se a território estrangeiro ou que dele provenham; insiram-se em terrenos de domínio da União; localizem-se nos ex-territórios federais; ou estejam situados na faixa de fronteira.

d) os manguezais; e

e) o mar territorial.

As praias, os mangues, os espelhos d´água do mar territorial, lagos e quaisquer correntes d'água de domínio da União são considerados bens para fins da gestão patrimonial.

1.2. Competências da SPU

A forma de Estado federal é princípio fundamental da República Federativa do Brasil que, nos termos do art. 1º de sua Lei Maior, é composta pela união indissolúvel entre Estados e Municípios e do Distrito Federal.

Para escorreita compreensão da complexa repartição de competências externada na Constituição brasileira e no sistema federado, obrigatória compreender premissa estabelecida pela Professora Fernanda Dias Menezes de Almeida que, em acertado posicionamento, adverte que "a Federação, a rigor é um grande sistema de repartição de competências. E essa repartição de competências é que dá substância à descentralização em unidades autônomas"

Desta forma, não há como falar em distribuição de competências constitucionais sem que seja sob a égide do citado pressuposto. Com efeito, "a repartição regional de poderes autônomos constitui o cerne do conceito de Estado federal". Esta se contrapõe à noção de Estado unitário, onde há centralização de todo poder por parte de um único ente.

Na forma federada há uma união de coletividades públicas dotadas de autonomia político-constitucional, autonomia federativa. São os recorrentemente denominados Estados federados ou Estados-membros.

No Brasil, a adoção da forma de Estado federal comporta ainda uma particularidade, vez que entram outros elementos que se somam aos Estados e incluem-se na estrutura político-administrativa. Referimo-nos aqui aos Municípios e ao Distrito Federal.

Neste contexto, o "Estado Federal é o todo, dotado de personalidade de Direito Público internacional". Já a União "é a entidade federal formada pela reunião das partes componentes, constituindo pessoa jurídica de Direito Público interno, autônoma em relação aos Estados e a que cabe exercer as prerrogativas de soberania do Estado brasileiro".

O Estado Federal brasileiro é, em suma, pessoa jurídica de Direito interno, formado pelos seguintes entes: União, Estados-membros, Distrito Federal e Municípios. Esta forma de Estado assenta-se na autonomia de cada um desses entes, que possuem órgãos governamentais e competências próprias, não havendo hierarquia entre essas entidades.

As suas características fundamentais, extraíveis da própria Carta Magna, em seu art. 1º, são a autonomia, a indissolubilidade do vínculo e a repartição de competências entre os entes, caracteres estes determinantes para uma escorreita abordagem das competências constitucionais em matéria urbanística predispostas a partir da Constituição, mesmo porque, na expressão de Celso Ribeiro Bastos, "deve o princípio federativo informar o legislador infraconstitucional que está obrigado a acatar tal princípio na elaboração das leis ordinárias, bem como os intérpretes da Constituição, a começar pelos membros do Poder Judiciário".

Entre as competências da SPU incluem-se, entre outras, a incorporação e regularização do domínio dos bens; sua adequada destinação; além do controle e da fiscalização dos imóveis.

Abalizada a forma de Estado brasileira e demonstrada a relevância assumida pela repartição constitucional de competências, faz-se necessário, antes da delimitação destas em matéria urbanística, um estudo, ainda que em breves linhas, das suas espécies.

Conforme leciona José Afonso da Silva, "(...) a Constituição de 1988 estruturou um sistema que combina competências exclusivas, privativas e principiológicas com competências comuns e concorrentes, buscando reconstruir o sistema federativo segundo critérios de equilíbrio ditados pela experiência histórica."

Ainda no escol do citado constitucionalista, "O princípio geral que norteia a repartição de competência entre as entidades componentes do Estado Federal é o da predominância do interesse, segundo o qual à União caberão aquelas matérias e questões de predominante interesse geral, nacional, ao passo que aos Estados tocarão as matérias e assuntos de predominante interesse regional, e aos Municípios concernem os assuntos de interesse local (...)."

A regra geral de distribuição de competência adotada pela nossa Constituição é aquela que enumera as pertinentes à União, conferindo poderes remanescentes aos Estados e indicativos aos Municípios, através de competências materiais ou administrativas e legislativas, as quais podem ser exclusiva, comum, privativa, concorrente e suplementar.

Sob este prisma, sob essa estrutura verticalizada, porém não hierarquizada, de repartição de competências é que deve ser estudada a competência em matéria urbanística.

Assim, o art. 21 da Constituição, ao trazer à colação as competências materiais (ou administrativas) exclusivas da União prescreve como sendo dever-poder deste ente a elaboração e execução de planos nacionais e regionais de ordenação do território e de desenvolvimento econômico e social, bem como a instituição de diretrizes para o desenvolvimento urbano, inclusive habitação, saneamento básico e transportes urbanos. Logo em seguida, a Constituição explicita as competências legislativas privativas desta mesma unidade federativa, sendo relevantes em matéria urbanística temas como desapropriação, trânsito e transporte.

Sobre as competências quanto aos bens da União, apenas esta pode legislar, privativamente, e executar ou administrar, exclusivamente, na forma dos arts. 20, 21 e 22 da Constituição.

Vale ressaltar que, no exercício desta missão, a SPU não exerce funções de controle de mérito ou fiscalização ambiental, urbanística e de construir. Caso não concorde com as licenças, autorizações e alvarás emitidos pelos órgãos federais, municipais e estaduais competentes, deve notificar os mesmos para que esclareçam as dúvidas, até mesmo porque, outra medida, além de usurpação de competência, ofenderia a legalidade e a presunção de legitimidade, validade e veracidade que gozam os atos administrativos dos demais órgãos e esferas.

Já na hipótese de se verificar possível descumprimento de normas de outras esferas ou mesmo de dano ambiental, em área da União, deve pedir esclarecimentos ao suposto causador do dano, bem como remeter a notícia de fato ao órgão competente e ao Ministério Público.

Para cumprir sua missão institucional, a Secretaria do Patrimônio da União (SPU) conta com uma Unidade Central localizada em Brasília, formada pelo Secretário, Secretário Adjunto, Diretor de Programa, três Diretorias e Gabinete, além de 27 unidades descentralizadas, localizadas nas capitais e no Distrito Federal, além de dois escritórios regionais, um em Santos (SP) e um em Parnaíba (PI), compete, em específico:

I – administrar o patrimônio imobiliário da União e zelar por sua conservação;

II – adotar as providências necessárias à regularidade dominial dos bens da União;

III – lavrar, com força de escritura pública, os contratos de aquisição, alienação, locação, arrendamento, aforamento, cessão e demais atos relativos a imóveis da União e providenciar os registros e as averbações junto aos cartórios competentes;

IV – promover o controle, fiscalização e manutenção dos imóveis da União utilizados em serviço público;

V – proceder à incorporação de bens imóveis ao patrimônio da União;

VI – formular, propor, acompanhar e avaliar a política nacional de gestão do patrimônio da União, e os instrumentos necessários à sua implementação;

VII – formular e propor a política de gestão do patrimônio das autarquias e das fundações públicas federais; e

VIII – integrar a Política Nacional de Gestão do Patrimônio da União com as demais políticas públicas voltadas para o desenvolvimento sustentável.

1.3. Atos, Contratos e Instrumentos Administrativos da SPU

No exercício de suas competências, a SPU instaura processos para, com fundamento nos Decretos-Leis nº 9.760, de 5 de setembro de 1946, nº 3.438, de 17 de julho de 1941, nº 1.561, de 13 de julho de 1977, nº 2.398, de 21 de dezembro de 1987 e nas Leis nº 9.636, de 15 de maio de 1998, nº 13.139, de 26 de junho de 2015, e nº 13.240, de 30 de dezembro de 2015, bem como no Decreto nº 3.725, de 10 de janeiro de 2001, praticar os seguintes atos (Fonte: Constituição, Leis, Decretos, Atos Normativos e Memorando 90 SPU):

– inscrição de ocupação: ato administrativo precário, resolúvel a qualquer tempo, por meio do qual a União reconhece a utilização de áreas de seu domínio, desde que comprovado o efetivo aproveitamento do terreno pelo ocupante e o preenchimento dos demais requisitos legais, não gerando para o inscrito qualquer direito inerente à propriedade.

– taxa de ocupação: prestação pecuniária anual que o ocupante do bem imóvel da União deve pagar pelo uso do terreno de domínio da União, correspondente a 2% do valor do domínio pleno do terreno, excluídas as benfeitorias, anualmente atualizado pela Secretaria do Patrimônio da União – SPU.

– laudêmio: prestação pecuniária devida à União pelo vendedor quando da transferência onerosa, entre vivos, do domínio útil e da inscrição de ocupação de terreno da União ou cessão de direito a eles relativos, em quantia correspondente a 5% do valor atualizado do domínio pleno do terreno, excluídas as benfeitorias.

– cadastro: dos bens de domínio da União relacionados nos incisos I, II, V, IX, X, XI do art. 20 da Constituição Federal será efetuado nos sistemas de gestão patrimonial da Secretaria de Coordenação e Governança do Patrimônio da União e no banco de dados geográfico da infraestrutura de dados espaciais (BDG-IDE-SPU), nos termos do Decreto nº 99.672, de 6 de novembro de 1990, e conforme as competências estabelecidas pela Lei nº 9.636, de 1998, e Decreto-Lei nº 9.760, de 1946.

– aforamento ou enfiteuse: ato pelo qual a União atribui a terceiros o domínio útil de imóvel de sua propriedade, obrigando-se este último (foreiro ou enfiteuta) ao pagamento de pensão anual, denominada foro, na porcentagem de 0,6% do valor do domínio pleno do terreno.

– alienação, capítulo II, da Lei nº 9.636/1998, é o instrumento a ser utilizado para os imóveis que ao longo do tempo perderam a capacidade de atender as necessidades da União, levando-se em consideração, também, a previsão de intervenções por parte do Governo Federal. É aplicável quando não houver interesse público, econômico ou social em manter o domínio da União. A Alienação dos imóveis da União é realizada mediante a Venda, Permuta ou Doação do domínio. A venda, prevista nos arts. 24 a

29 da 9.636/1998, é o instrumento pelo qual a União transfere, mediante pagamento, o domínio pleno do bem, sendo obrigatória a avaliação prévia. É o instrumento adequado para os imóveis que tem alto valor comercial e vocação ligada a atividades da iniciativa privada, divergentes ou incompatíveis com as funções da União. Este instrumento pode ser aplicado em ações de regularização fundiária cujo beneficiário não seja de baixa renda. Já a Permuta, prevista no art. 30 da 9.636/1998 e nos arts. 17 e 24 da 8.666/1993, é aplicável quando houver imóveis da União disponíveis, em condições de serem alienados, e imóveis de interesse da União ofertados por terceiros. E a Doação, prevista no art. 31 da 9.636/1998, é a outorga gratuita, com encargos e discricionária do domínio pleno de um bem para Estados, Distrito Federal, Municípios, Fundações e Autarquias Públicas Federais, Estaduais e Municipais e beneficiários de programas habitacionais ou de regularização fundiária de interesse social. A doação deve ser realizada preferencialmente em áreas de ocupação consolidada, integradas ao tecido urbano, com infraestrutura instalada e operando, sem perspectivas de pressões para expulsão dos beneficiários, bem como para a implementação de empreendimentos de caráter permanente, como as instituições de ensino superior e pesquisa, saúde etc., da União ou dos demais entes federados. É prevista também a doação direta para famílias de baixa renda que não possuam outro imóvel urbano ou rural.

– Cessão, prevista nos arts. 18 a 21 da Lei 9.636/1998, no Decreto-Lei 9.760/1946 e na Lei 11.481/2007, é efetivada quando a União transfere o uso ou outros direitos reais sobre seus bens para alcançar um interesse público. Os imóveis da União poderão ser cedidos gratuitamente ou em condições especiais, de forma onerosa ou com encargos específicos, sob quaisquer dos regimes aos Estados, Distrito Federal ou Municípios; a entidades sem fins lucrativos das áreas de educação, cultura, assistência social e saúde e a pessoas físicas ou jurídicas, como as associações e cooperativas, em se tratando de interesse público ou social ou de aproveitamento econômico de interesse nacional.

– A Cessão de Uso Gratuito, prevista no Decreto-Lei 9.760/1946 e Leis 9.636/1998 e 11.481/2007, é um instrumento geral de destinação que não transfere direitos reais. Isto significa que é autorizado o uso em determinadas condições definidas no contrato, mas este direito é pessoal e não pode ser transferido a terceiros. É utilizada nas situações em que há o interesse em manter o domínio da União sobre o imóvel, quando o cessionário for entidade que exerça atividade comprovadamente de interesse público ou social.

– A Cessão de Uso Onerosa, prevista na Lei 9.636/98, deve ser aplicada quando se destinar a atividade lucrativa e ações de apoio ao desenvolvimento local, como comércio, indústria, turismo etc. e, havendo condições de competitividade, deve-se respeitar o disposto na Lei 8.666/93.

– A Cessão em Condições Especiais, prevista na Lei 9.636/98, pode ser aplicada quando for necessário estabelecer encargos contratuais específicos, como condição resolutiva contratual. Pode-se citar como exemplos a realização de audiência pública e elaboração de plano de intervenção (como instrumento de gestão), a prestação de serviços, como reforma e manutenção do imóvel, implantação de melhorias, benfeitorias e recuperação etc. Neste caso, os serviços a serem prestados devem ser quantificados no contrato permitindo o controle e fiscalização.

– A Cessão sob o regime de Aforamento, prevista no art. 18 e qualificada no art. 19 da Lei 9.636/1998, transfere os direitos enfitêuticos – domínio útil – sobre o imóvel e permite que o cessionário aliene parte desse domínio para obter recursos para a execução do contrato, incluindo a construção de edificações. Este instrumento permite, também, delegar ao município, estado ou Distrito Federal a obrigação de transferir gratuitamente os direitos enfitêuticos aos beneficiários de programas habitacionais e de regularização fundiária de interesse social. O cessionário pode ser isentado do pagamento do foro neste caso.

– Concessão de Direito Real de Uso – CDRU, prevista no Decreto-Lei 271/1967, na Lei 11.481/2007 e na Lei 10.257/2001, o Estatuto da Cidade, deverá ser aplicada nos casos previstos no

7º do DL 271/1967: a) em terrenos de marinha e acrescidos – áreas inalienáveis; b) em áreas vazias destinadas à provisão habitacional; c) áreas ocupadas, sujeitas à pressão imobiliária ou em áreas de conflito fundiário; d) para o uso sustentável das várzeas e para a segurança da posse de comunidades tradicionais; e e) para fins comerciais. A CDRU é aceita como garantia real nos contratos de financiamento habitacional e é alternativa a CUEM, pois não são exigidos requisitos de posse, tamanho de terreno etc., podendo ser gratuita (renda familiar mensal de até 5 salários mínimos) ou onerosa. Esta última é alternativa para os casos de atividades comercias ou outras atividades econômicas em áreas de regularização fundiária de interesse social.

– A Entrega, prevista no art. 79 do Decreto-Lei 9.760/1946, tem como beneficiário a administração direta, para o uso no serviço público federal. Pela Instrução Normativa nº 1 de 10 de outubro de 2007 e Portaria MP no 327 de 28 de setembro de 2007, ampliou-se o uso da entrega a Secretaria Especial de Aqüicultura e Pesca – SEAP, em cujo termo, permite que a SEAP promova a cessão total ou parcial de espaços físicos em águas de domínio da União, para fins de aquicultura, aplicando-se no que couber o disposto no art. 18 da 9.636/1998.

– a Entrega Provisória, prevista art. 11, § 3º, do Decreto 3.725/2001, no uso do serviço público, poderá ser utilizada quando houver inconsistência documental e urgência na Entrega à Administração Pública Federal, em razão da necessidade de proteção ou manutenção do imóvel.

– a Cessão Provisória, prevista no art. 11, § 3º do Decreto 3.725/2001, deverá ser aplicada quando houver inconsistência documental e urgência na cessão, em razão da necessidade de proteção ou manutenção do imóvel. Já a Cessão Provisória, prevista no art. 21 da Lei 11.483/2007, deverá ser aplicada quando houver urgência na cessão de imóveis não operacionais oriundos da extinta RFFSA para órgãos e entidades da administração pública direta e indireta da União, dos estados, do Distrito Federal e dos municípios.

- Autorização de Uso é um ato unilateral, precário e discricionário, por meio do qual a União permite que o particular usufrua o bem público. Representa um avanço significativo quando há dificuldades de demarcação e identificação exata dos limites da área utilizada, permitindo o início da formalização da atividade de comunidades tradicionais.

- Inscrição de Ocupação, prevista na Lei 9.636/1998 e no Decreto-Lei 9.760/1946, é um ato administrativo precário que pressupõe o efetivo aproveitamento do terreno pelo ocupante e enseja o pagamento anual da taxa de ocupação. Há isenção para famílias com renda de até cinco salários mínimos. A inscrição de ocupação não gera direito real sobre o imóvel, sendo apenas para o reconhecimento de uma situação de fato, podendo, porém, gerar indenização nos casos em que houver benfeitorias erigidas de boa fé, construídas com anuência da SPU. É um instrumento de controle do uso, administração e cobrança de receitas patrimoniais, de bens imóveis da União. Vedada em área de uso comum do povo, segurança nacional, preservação ambiental e em áreas necessárias a preservação dos ecossistemas naturais, implantação de programas ou ações de regularização fundiária de interesse social, ou habitacionais de reservas indígenas, de áreas remanescentes de quilombos, das vias federais de comunicação e das áreas reservadas para construção de hidrelétricas ou congêneres.

- A Permissão de Uso, prevista no art. 14 do Decreto 3.725/2001 e no art. 22 da Lei 9.636/1998, é um ato unilateral, precário e discricionário, no qual a União permite que o particular usufrua o bem público, por tempo determinado, três meses, prorrogáveis por igual período. Tem como pré-requisito a prévia autorização pelos órgãos federais, estaduais e municipais competentes para autorizar a realização do evento de curta duração, de natureza recreativa, esportiva, cultural, religiosa ou educacional. Cita-se como exemplo a instalação de arena para jogos em área de praia, quiosques promocionais etc.

– Autorização de Obras, referida no art. 6º do Decreto-Lei 2.398/1987, pode ser emitida para a execução e programas prioritários do Governo Federal em áreas de uso comum do povo, desde que não mude a natureza do bem. Em situações específicas esse instrumento pode prescindir de uma evolução para um instrumento de transferência de domínio ou de direitos reais, como, por exemplo, intervenções de manutenção em bens de uso comum, estações elevatórias de esgoto de pequeno porte, portos, etc.

– A Guarda Provisória, prevista na ON MP/SPU-GEAPN 004/2001 e no Memorando 128/2008, poderá ser aplicada em imóveis vagos ou semiocupados para sua proteção e manutenção. Tendo em vista a urgência que caracteriza e justifica o instituto, esta SPU emitiu o Memorando-Circular nº 128 que prevê a possibilidade de ampliação do uso da guarda provisória, permitindo a guarda do imóvel em casos especiais a critério do gerente regional, dentro do âmbito de sua competência, antes de finalizado o processo de entrega/cessão.

– A Declaração de Interesse do Serviço Público, prevista no Decreto-Lei nº 2.398/1987, deverá ser aplicada quando houver interesse em reservar a área para implantação de atividade ou programa de interesse público.

– certidão de cadeia dominial ou sucessória: relação dos proprietários de determinado imóvel, desde a titulação original pelo Poder Público até o último dono (atual proprietário).

– caducidade: sanção aplicada aos foreiros em decorrência do não pagamento do foro durante o período de 3 (três) anos consecutivos, ou 4 (quatro) intercalados, de acordo com art. 101, parágrafo único, do Decreto-Lei nº 9.760, de 1946.

– a retificação de registro ou de averbação referente a imóvel adquirido e incorporado em nome da União, bem como de decisões, recursos, notificações e seus efeitos que tenham por objeto atos ou títulos registrados ou averbados.

- a averbação de construção compreendida em terreno incorporado ao patrimônio da União.

- a formalização de reversão de imóvel ao patrimônio da União por descumprimento de encargo ou finalidade constante de contratos de doação, de concessão de direito real de uso de superfície ou de cessão sob regime de aforamento.

- a re-rratificação de atos de aquisição e incorporação imobiliária.

- o cancelamento ou resgate de direitos reais limitados sobre imóveis adquiridos pela União.

- as modificações formais na identificação e na caracterização do imóvel.

- a retificação ou complementação de dados no sistema corporativo da SPU.

1.4. Legislação selecionada da SPU

Lei nº 14.011, de 10 de junho de 2020

Aprimora os procedimentos de gestão e alienação dos imóveis da União; altera as Leis n os 6.015, de 31 de dezembro de 1973, 9.636, de 15 de maio de 1998, 13.240, de 30 de dezembro de 2015, 13.259, de 16 de março de 2016, e 10.204, de 22 de fevereiro de 2001, e o Decreto-Lei nº 2.398, de 21 de dezembro de 1987; revoga dispositivos das Leis n os 9.702, de 17 de novembro de 1998, 11.481, de 31 de maio de 2007, e 13.874, de 20 de setembro de 2019; e dá outras providências.

Lei nº 13.813, de 09 de abril de 2019

Dispõe sobre a transferência de imóveis do Fundo do Regime Geral de Previdência Social para a União, sobre a administração, a alienação e a gestão dos imóveis da extinta Rede Ferroviária Federal S.A. (RFFSA) e sobre a gestão dos imóveis da União; extingue o Fundo Contingente da Extinta RFFSA (FC); altera o Decreto-Lei nº 1.876, de 15 de julho de 1981, e as Leis nºs 9.497, de 11 de setembro de 1997, 9.636, de 15 de maio de 1998, 11.481, de 31 de maio de 2007, 11.483, de 31 de maio de 2007, 13.240.

Lei nº 13.465, de 11 de julho de 2017

Dispõe sobre a regularização fundiária rural e urbana, sobre a liquidação de créditos concedidos aos assentados da reforma agrária e sobre a regularização fundiária no âmbito da Amazônia Legal; institui mecanismos para aprimorar a eficiência dos procedimentos de alienação de imóveis da União; altera as Leis 8.629, de 25 de fevereiro de 1993, 13.001, de 20 de junho de 2014 , 11.952, de 25 de junho de 2009, 13.340, de 28 de setembro de 2016, 8.666, de 21 de junho de 1993, 6.015.

Lei nº 13.240, de 30 de dezembro de 2015

Dispõe sobre a administração, a alienação, a transferência de gestão de imóveis da União e seu uso para a constituição de fundos; altera a Lei nº 9.636, de 15 de maio de 1998, e os Decretos-Lei nº s 3.438, de 17 de julho de 1941, 9.760, de 5 de setembro de 1946, 271, de 28 de fevereiro de 1967, e 2.398, de 21 de dezembro de 1987; e revoga dispositivo da Lei nº 13.139, de 26 de junho de 2015.

Lei nº 13.139, de 26 de junho de 2015

Altera os Decretos-Lei nº 9.760, de 5 de setembro de 1946, nº 2.398, de 21 de dezembro de 1987, a Lei nº 9.636, de 15 de maio de 1998, e o Decreto-Lei nº 1.876, de 15 de julho de 1981; dispõe sobre o parcelamento e a remissão de dívidas patrimoniais com a União; e dá outras providências.

Lei nº 12.651, de 25 de maio de 2012

Dispõe sobre a proteção da vegetação nativa; altera as Leis nºs 6.938, de 31 de agosto de 1981, 9.393, de 19 de dezembro de 1996, e 11.428, de 22 de dezembro de 2006; revoga as Leis nºs 4.771, de 15 de setembro de 1965, e 7.754, de 14 de abril de 1989, e a Medida Provisória nº 2.166-67, de 24 de agosto de 2001; e dá outras providências.

Lei nº 12.348, de 15 de dezembro de 2010

Dispõe sobre o limite de endividamento de Municípios em operações de crédito destinadas ao financiamento de infraestrutura para a realização da Copa do Mundo Fifa 2014 e dos Jogos Olímpicos e Paraolímpicos de 2016, sobre imóveis oriundos da extinta Rede Ferroviária Federal S.A. – RFFSA, sobre dívidas referentes ao patrimônio imobiliário da União e sobre acordos envolvendo patrimônio imobiliário da União; transfere o domínio útil de imóveis para a Companhia Docas do Rio de Janeiro – CDRJ.

Lei nº 11.481, de 31 de maio de 2007

Dá nova redação a dispositivos das Leis Lei nºs 9.636, de 15 de maio de 1998, 8.666, de 21 de junho de 1993, 11.124, de 16 de junho de 2005, 10.406, de 10 de janeiro de 2002 – Código Civil, 9.514, de 20 de novembro de 1997, e 6.015, de 31 de dezembro de 1973, e dos Decretos-Leis nºs 9.760, de 5 de setembro de 1946, 271, de 28 de fevereiro de 1967, 1.876, de 15 de julho de 1981, e 2.398, de 21 de dezembro de 1987; prevê medidas voltadas à regularização fundiária de interesse social em imóveis da União; e dá outras p

Lei nº 9.636, de 15 de maio de 1998

Dispõe sobre a regularização, administração, aforamento e alienação de bens imóveis de domínio da União, altera dispositivos dos Decretos-Leis Lei nºs 9.760, de 5 de setembro de 1946, e 2.398, de 21 de dezembro de 1987, regulamenta o § 2o do art. 49 do Ato das Disposições Constitucionais Transitórias, e dá outras providências.

Lei nº 8.617, de 01 de janeiro de 1993

Dispõe sobre o mar territorial, a zona contígua, a zona econômica exclusiva e a plataforma continental brasileiros, e dá outras providências.

Lei nº 7.661, de 16 de maio de 1988

Institui o Plano Nacional de Gerenciamento Costeiro e dá outras providências.

Lei nº 6.987, de 13 de abril de 1982

Dispõe sobre a alienação de imóveis de propriedade da União e das entidades da Administração Federal Indireta, e dá outras providências.

Lei nº 6.766, de 19 de dezembro de 1979

Dispõe sobre o Parcelamento do Solo Urbano e dá outras Providências.

Lei nº 6.739, de 05 de dezembro de 1979

Dispõe sobre a matrícula e o registro de imóveis rurais e dá outras providências.

Lei nº 6.634, de 02 de maio de 1979

Dispõe sobre a Faixa de Fronteira, altera o Decreto-lei nº 1.135, de 3 de dezembro de 1970, e dá outras providências.

Lei nº 6.282, de 09 de dezembro de 1975

Prorroga o prazo estabelecido no artigo 1º da Lei nº 5.972 de 11 de dezembro de 1973, que regula o procedimento para o registro de propriedade de bens imóveis discriminados administrativamente ou possuídos pela União.

Lei nº 5.972, de 11 de dezembro de 1973

Regula o procedimento para o registro da propriedade de bens imóveis discriminados administrativamente ou possuídos pela União.

Lei nº 4.804, de 20 de outubro de 1965

Dispõe sôbre demolições e reconstruções de benfeitorias, em próprio nacional, e dá outras providências.

Lei nº 4.504, de 30 de novembro de 1964

Dispõe sobre o Estatuto da Terra, e dá outras providências.

Decreto-lei nº 2.422, de 30 de março de 1988

Dispõe sobre o prazo para inscrição de ocupação de imóveis da União e dá outras providências.

Decreto-lei nº 2.398, de 21 de dezembro de 1987

Dispõe sobre foros, laudêmios e taxas de ocupação relativas a imóveis de propriedade da União, e dá outras providências.

Decreto-lei nº 1.876, de 15 de julho de 1981

Dispensa do pagamento de foros e laudêmios os titulares do domínio útil dos bens imóveis da União, nos casos que especifica, e dá outras providência.

Decreto-lei nº 1.561, de 13 de julho de 1977

Dispõe sobre a ocupação de terrenos da União e dá outras previdências.

Decreto-lei nº 1.537, de 13 de abril de 1977

Isenta do pagamento de custas e emolumentos a pratica de quaisquer atos, pelos Ofícios e Cartórios de Registro de Imóveis, de Registro de Títulos e Documentos e de Notas, relativos às solicitações feitas pela União.

Decreto-lei nº 271, de 28 de fevereiro de 1967

Dispõe sôbre loteamento urbano, responsabilidade do Ioteador concessão de uso e espaço aéreo e dá outras providências.

Decreto-lei nº 9.760, de 05 de setembro de 1946

Dispõe sôbre os bens imóveis da União e dá outras providências.

Decreto-lei nº 4.120, de 21 de fevereiro de 1942

Altera a legislação sobre terrenos de marinha.

Decreto-lei nº 3.437, de 17 de abril de 1941

Dispõe sobre o aforamento de terrenos e a construção de edifícios em terrenos das fortificações.

Decreto-lei nº 2.490, de 16 de agosto de 1940

Estabelece novas normas para o aforamento dos terrenos de marinha e de outras providências

Decreto nº 11.208, de 26 de setembro de 2022

Dispõe sobre o Sistema Nacional de Gestão de Informações Territoriais e sobre o Cadastro Imobiliário Brasileiro e regula o compartilhamento de dados relativos a bens imóveis.

Decreto nº 11.076, de 20 de maio de 2022

Altera o Decreto nº 85.064, de 26 de agosto de 1980, que regulamenta a Lei nº 6.634, de 2 de maio de 1979, que dispõe sobre a Faixa de Fronteira.

Decreto nº 11.051, de 26 de abril de 2022

Regulamenta o art. 24-D da Lei nº 9.636, de 15 de maio de 1998, para dispor sobre a contratação do Banco Nacional de Desenvolvimento Econômico e Social pela Secretaria de Coordenação e Governança do Patrimônio da União da Secretaria Especial de Desestatização, Desinvestimento e Mercados do Ministério da Economia, para a realização de estudos e a execução de plano de desestatização de ativos imobiliários da União.

Decreto nº 10.592, de 24 de dezembro de 2020

Regulamenta a Lei nº 11.952, de 25 de junho de 2009, para dispor sobre a regularização fundiária das áreas rurais situadas em terras da União, no âmbito da Amazônia Legal, e em terras do Instituto Nacional de Colonização e Reforma Agrária, por meio de alienação e concessão de direito real de uso de imóveis.

Decreto nº 10.576, de 14 de dezembro de 2020

Dispõe sobre a cessão de uso de espaços físicos em corpos d'água de domínio da União para a prática da aquicultura.

Decreto nº 9.310, de 15 de março de 2018

Institui as normas gerais e os procedimentos aplicáveis à Regularização Fundiária Urbana e estabelece os procedimentos para a avaliação e a alienação dos imóveis da União.

Decreto nº 6.190, de 20 de agosto de 2007

Regulamenta o disposto no art. 1o do Decreto-Lei nº 1.876, de 15 de julho de 1981, para dispor sobre a isenção do pagamento de foros, taxas de ocupação e laudêmios, referentes a imóveis de propriedade da União, para as pessoas consideradas carentes ou de baixa renda.

Decreto nº 5.300, de 07 de dezembro de 2004

Regulamenta a Lei nº 7.661, de 16 de maio de 1988, que institui o Plano Nacional de Gerenciamento Costeiro – PNGC, dispõe sobre regras de uso e ocupação da zona costeira e estabelece critérios de gestão da orla marítima, e dá outras providências.

Decreto nº 4.887, de 20 de novembro de 2003

Regulamenta o procedimento para identificação, reconhecimento, delimitação, demarcação e titulação das terras ocupadas por remanescentes das comunidades dos quilombos de que trata o art. 68 do Ato das Disposições Constitucionais Transitórias.

Decreto nº 3.725, de 10 de janeiro de 2001

Regulamenta a Lei nº 9.636, de 15 de maio de 1998, que dispõe sobre a regularização, administração, aforamento e alienação de bens imóveis de domínio da União, e dá outras providências.

Decreto nº 99.672, de 06 de novembro de 1990

Dispõe sobre o Cadastro Nacional de Bens Imóveis de propriedade da União e dá outras providências.

Decreto nº 99.266, de 28 de maio de 1990

Regulamenta a Lei nº 8.025, de 12 de abril de 1990, que dispõe sobre a alienação de bens imóveis residenciais de propriedade da União, e dos vinculados ou incorporados ao Fundo Rotativo Habitacional de Brasília – FRHB, situados no Distrito Federal e dá outras providências.

Decreto nº 95.760, de 01 de março de 1988

Regulamenta o art. 3° do Decreto-lei nº 2.398, de 21 de dezembro de 1987, e dá outras providências

Decreto nº 85.064, de 26 de agosto de 1980

Regulamenta a Lei nº 6.634, de 2 de maio de 1979, que dispõe sobre a Faixa de Fronteira

Decreto nº 4.105, de 22 de fevereiro de 1868

Regula a concessão dos terrenos de marinha, dos reservados nas margens dos rios e dos acrescidos natural ou artificialmente.

Portaria nº 5.849, de 29 de junho de 2022

Altera a Portaria SPU/ME nº 657, de 25 de janeiro de 2022, que estabelece os prazos e as condições para o lançamento e cobrança das taxas de ocupação e foros de terrenos da União, relativo ao ano de 2022.

Portaria nº 5.629, de 23 de junho de 2022

Estabelece normas e procedimentos para a instrução de processos visando à cessão de espaços físicos em águas públicas e fixa parâmetros para o cálculo do preço público devido a título de retribuição à União.

Portaria nº 5.629, de 23 de junho de 2022

Glossário de Termos Técnicos de natureza portuária e náutica úteis à instrução de processos de cessão de espaços físicos em águas públicas - Anexo à Portaria SPU/ME nº 5.629, de 23 de junho de 2022.

Portaria nº 812, de 31 de janeiro de 2022

Regulamenta os procedimentos e regras da Proposta de Aquisição de Imóveis – PAI

Portaria nº 7.778, de 30 de junho de 2021

Regulamenta os procedimentos e o cronograma para realização da remição de foro mediante procedimento simplificado.

Portaria nº 11.190, de 01 de novembro de 2018

Estabelece cláusulas contratuais obrigatórias referentes a contratos onerosos firmados pela União, que tenham como objeto a destinação de imóveis públicos administrados pela Secretaria do Patrimônio da União e altera as Portarias nº 404, de 28 de dezembro de 2012, e nº 7.145, de 13 de julho de 2018.

Portaria nº 8.700, de 27 de agosto de 2018

Estabelece os procedimentos relativos aos pedidos de revisão de valor das receitas patrimoniais no âmbito da Secretaria do Patrimônio da União – SPU.

Portaria nº 5.378, de 21 de maio de 2018

Aprova o Manual de Fiscalização da SPU, que estabelece os procedimentos para atuação da fiscalização no âmbito desta Secretaria.

Instrução Normativa nº 43, de 31 de maio de 2022

Estabelece os procedimentos gerais utilizados na alienação onerosa de imóveis da União, incluído o rito processual da Proposta de Aquisição de Imóveis – PAI.

Instrução Normativa nº 28, de 26 de abril de 2022

Estabelece os critérios e procedimentos para a demarcação de terrenos de marinha, terrenos marginais e seus respectivos acrescidos, bem como orienta a identificação das áreas de domínio da União dispostas nos incisos III, IV, VI e VII do Artigo 20 da Constituição Federal de 1988.

Instrução Normativa nº 26, de 18 de fevereiro de 2021

Disciplina o instrumento de Guarda Provisória de imóveis da União.

Instrução Normativa nº 23, de 18 de março de 2020

Estabelece as diretrizes e procedimentos das atividades de fiscalização dos imóveis da União.

Instrução Normativa nº 208, de 29 de outubro de 2019

Disciplina a atividade de Demolição de imóveis da União.

Instrução Normativa nº 4, de 14 de agosto de 2018

Estabelece os procedimentos administrativos para a inscrição de ocupação em terrenos e imóveis da União, define procedimentos para a outorga, trasferência, revogação e cancelamento, e estabelece a definição de efetivo aproveitamento.

Instrução Normativa nº 3, de 31 de julho de 2018

Regulamenta os procedimentos para a permuta de Imóveis da União. Atualizado por – Portaria nº 3.738, de 25 de abril de 2019

Instrução Normativa nº 1, de 01 de março de 2018

Dispõe sobre as orientações para a cessão de direitos e transferência de titularidade de imóveis da União em regime de aforamento ou de ocupação.

Instrução Normativa nº 22, de 22 de fevereiro de 2017

Dispõe sobre a aquisição, a incorporação e a regularização patrimonial de bens imóveis em nome da União obedecendo aos procedimentos técnicos e administrativos estabelecidos nesta InstruçãoNormativa – IN, em consonância com a legislação vigente e os princípios aplicáveis à Administração Pública.

Instrução Normativa nº 3, de 09 de novembro de 2016

Disciplina os procedimentos administrativos para a constituição, caducidade, revigoração e remição de aforamento de terrenos dominiais da União, os quais se aplicam a todos os órgãos da Secretaria do Patrimônio da União – SPU. Atualizado por – Portaria nº 7.890, de 01 de julho de 2021

Instrução Normativa nº 1, de 07 de abril de 2015

Dispõe sobre os procedimentos para a inscrição em Dívida Ativa da União, dos responsáveis pelo inadimplemento de débitos administrados pela Secretaria do Patrimônio da União.

Instrução Normativa nº 2, de 18 de dezembro de 2014

Estabelece os procedimentos utilizados na destinação de imóveis da União para regularização fundiária de interesse social.

Instrução Normativa nº 5, de 24 de agosto de 2010

Dispõe sobre os procedimentos de análise dos requerimentos de isenção do pagamento de foros, taxas de ocupação e laudêmios referentes a imóveis de domínio da União.

Instrução Normativa nº 2, de 23 de novembro de 2007

Dispõe sobre o procedimento para a Concessão de Uso Especial para fins de Moradia - CUEM e da Autorização de Uso em imóveis da União.

Instrução Normativa nº 1, de 23 de julho de 2007

Dispõe sobre o lançamento e a cobrança decréditos originados em Receitas Patrimoniais.

Orientação Normativa nº 2, de 12 de março de 2001

Disciplina a demarcação de terrenos de marinha e seus acrescidos. (ON-GEADE-002)

Orientação Normativa nº 2, de 08 de março de 2001

Inscrição de Devedores no CADIN. (ON-GEARP-002)

Orientação Normativa nº 3, de 24 de janeiro de 2001

Orientar sobre os procedimentos a serem adotados quanto à destinação de imóveis para uso como residência obrigatória de servidor da União quando for indispensável, por necessidade de vigilância ou assistência constante. (ON-GEAPN-003)

Atualizado por – Portaria nº 216, de 28 de novembro de 2001

Atualizado por – Portaria nº 243, de 16 de julho de 2007

Orientação Normativa nº 2, de 24 de janeiro de 2001

Cessão de Uso Gratuito de Imóvel da União – Próprio Nacional. (ON-GEAPN-002)

Atualizado por – Portaria nº 15, de 14 de fevereiro de 2002

Atualizado por – Portaria nº 198, de 20 de julho de 2007

Orientação Normativa nº 1, de 24 de janeiro de 2001

Entrega de Imóvel da União – Próprio Nacional. (ON-GEAPN-001)

Atualizado por – Portaria nº 243, de 16 de julho de 2007

Atualizado por – Portaria nº 214, de 28 de novembro de 2001

2. Processos administrativos típicos da SPU

Instrução Normativa nº 67, de 20 de setembro de 2022

Dispõe sobre as diretrizes de avaliação dos imóveis da União ou de seu interesse, bem como define os parâmetros técnicos para cobrança em razão de sua utilização.

Instrução Normativa nº 43, de 31 de maio de 2022

Estabelece os procedimentos gerais utilizados na alienação onerosa de imóveis da União, incluído o rito processual da Proposta de Aquisição de Imóveis – PAI.

Instrução Normativa nº 28, de 26 de abril de 2022

Estabelece os critérios e procedimentos para a demarcação de terrenos de marinha, terrenos marginais e seus respectivos acrescidos, bem como orienta a identificação das áreas de domínio da União dispostas nos incisos III, IV, VI e VII do Artigo 20 da Constituição Federal de 1988.

Instrução Normativa nº 26, de 18 de fevereiro de 2021

Disciplina o instrumento de Guarda Provisória de imóveis da União.

Instrução Normativa nº 23, de 18 de março de 2020

Estabelece as diretrizes e procedimentos das atividades de fiscalização dos imóveis da União.

Instrução Normativa nº 208, de 29 de outubro de 2019

Disciplina a atividade de Demolição de imóveis da União.

Instrução Normativa nº 4, de 14 de agosto de 2018

Estabelece os procedimentos administrativos para a inscrição de ocupação em terrenos e imóveis da União, define procedimentos para a outorga, trasferência, revogação e cancelamento, e estabelece a definição de efetivo aproveitamento.

Atualizado por -

Atualizado por –

Instrução Normativa nº 3, de 31 de julho de 2018

Regulamenta os procedimentos para a permuta de Imóveis da União.

Atualizado por – Portaria nº 3.738, de 25 de abril de 2019

Instrução Normativa nº 1, de 01 de março de 2018

Dispõe sobre as orientações para a cessão de direitos e transferência de titularidade de imóveis da União em regime de aforamento ou de ocupação.

Instrução Normativa nº 22, de 22 de fevereiro de 2017

Dispõe sobre a aquisição, a incorporação e a regularização patrimonial de bens imóveis em nome da União obedecendo aos procedimentos técnicos e administrativos estabelecidos nesta InstruçãoNormativa – IN, em consonância com a legislação vigente e os princípios aplicáveis à Administração Pública.

Instrução Normativa nº 3, de 09 de novembro de 2016

Disciplina os procedimentos administrativos para a constituição, caducidade, revigoração e remição de aforamento de terrenos dominiais da União, os quais se aplicam a todos os órgãos da Secretaria do Patrimônio da União – SPU.

Atualizado por – Portaria nº 7.890, de 01 de julho de 2021

Instrução Normativa nº 1, de 07 de abril de 2015

Dispõe sobre os procedimentos para a inscrição em Dívida Ativa da União, dos responsáveis pelo inadimplemento de débitos administrados pela Secretaria do Patrimônio da União.

Instrução Normativa nº 2, de 18 de dezembro de 2014

Estabelece os procedimentos utilizados na destinação de imóveis da União para regularização fundiária de interesse social.

Instrução Normativa nº 5, de 24 de agosto de 2010

Dispõe sobre os procedimentos de análise dos requerimentos de isenção do pagamento de foros, taxas de ocupação e laudêmios referentes a imóveis de domínio da União.

Instrução Normativa nº 2, de 23 de novembro de 2007

Dispõe sobre o procedimento para a Concessão de Uso Especial para fins de Moradia - CUEM e da Autorização de Uso em imóveis da União.

Instrução Normativa nº 1, de 23 de julho de 2007

Dispõe sobre o lançamento e a cobrança de créditos originados em Receitas Patrimoniais.

Capítulo II

PROCESSO ADMINISTRATIVO NA SPU

2.1. Fundamentos do processo administrativo e sua aplicação na SPU

Independentemente de qualquer norma jurídica, o PROCESSO ADMINISTRATIVO NA SPU, como em qualquer órgão, já possui a sua legalidade e legitimidade tuteladas em razão da noção de Administração Pública e dos princípios que a regem, notadamente a supremacia e a indisponibilidade do interesse público.

Em razão desses princípios, o Poder Público goza do poder de polícia, que nada mais é do que, em razão do poder-dever de autoridade, ser-lhe atribuído uma série de deveres a cumprir, sendo dotado de prerrogativas de delimitar, condicionar, intervir e adentrar nos direitos individuais e coletivos para, em alguma medida, potencializar esses direitos, considerados coletivamente. Ex.: A constituição prevê a garantia fundamental à inviolabilidade do lar, mas a Administração Pública possui o dever de adentrar o lar, para, no nome do interesse público, exercer um direito de guarda do bem público (ex.: nos casos de crime [Direito Penal] ou ameaça de dano [Direito Administrativo]).

O Poder Público, assim, poderá agir nos atos particulares, não impedindo, mas condicionando e limitando, para permitir que seja sujeito o interesse individual ao interesse público. Em razão dos princípios da supremacia e da indisponibilidade do interesse público, há, portanto, que se falar no fundamento de validade do PROCESSO ADMINISTRATIVO NA SPU, por ser este o instrumento de atuação da administração e exercício da função pública, que permite o controle e fiscalização, por parte do Poder Público.

A atuação da SPU, como de todo poder público, se perfaz por um conjunto de procedimentos, de atos, de atribuições que deverão ser realizados pelo Poder Público para controlar e fiscalizar as atividades ou empreendimentos e mesmo o direito de propriedade sobre os bens da União. Para tanto, é convencionado na doutrina, jurisprudência e lei que, sempre que estamos diante de um conjunto de atos concatenados, tendentes à produção de um ato final que expeça a vontade última sobre tal matéria, estamos diante de processo, que pode ser particular (ex.: eleição de síndico de condomínio) ou público (judicial/administrativo).

A natureza da atuação dos servidores da SPU, portanto, é de processo administrativo e de instrumento da política nacional do meio ambiente (natureza dúplice). A importância desta classificação é transportar todos os princípios do Direito Administrativo/processo administrativo ao licenciamento ambiental (ex.: duração razoável, contraditório, ampla defesa, devido processo legal etc.). O fato de ser instrumento da política nacional do meio ambiente também atrai para o licenciamento todo o regime jurídico do Direito Ambiental, e pode ser como seu examinador irá lhe cobrar.

Então, na prática, a atuação da SPU é por – ou tem natureza jurídica de – processo administrativo O processo administrativo, qualquer que seja, pode se iniciar de ofício ou a requerimento da parte interessada. Formulado o requerimento, a Administração Pública não pode se recusar a recebê-lo (art. 6º, parágrafo único, da Lei nº 9.784, além do próprio direito constitucional de petição), tendo o dever de proferir uma decisão inicial, verificando se há as condições para a apreciação do requerimento, se é preciso complementar algum documento ou se há necessidade de conversão em diligência para o saneamento de qualquer outro vício identificado no pedido. Esta previsão, além de ser ínsita ao próprio contraditório e devido processo legal, encontra fundamento no art. 26 da Lei de Processo Administrativo (federal). A Lei Complementar140/2011, em seu art. 14, parágrafo único, trouxe a prescrição de que o órgão licenciador somente poderia exigir a complementação de informações oriundas da análise do empreendimento ou atividade uma única vez, ressalvadas as decorrentes de fatos novos. No primeiro despacho, seria exagero falar que haveria uma análise do empreendimento como um todo, mas, para evitar qualquer tipo de dúvida, este dispositivo da LC 140 não retira a validade da decisão inicial, que pode exigir diligências ou informações, sem qualquer restrição a exigências posteriores.

Este dispositivo veio para evitar o desvio de finalidade/abuso de poder de muitos órgãos licenciadores, que a todo momento convertem o processo em diligência para nunca chegar a uma decisão final. Sem prejuízo, há, todavia, o devido processo legal e com o dever/poder da Administração de autotutela, pois se identificar que no pedido de complementação deixou-se de fazer alguma exigência pertinente, ela tem o dever/obrigação legal de corrigir o ato, refazendo o pedido ou fazendo um pedido complementar/suplementar.

Em sentido amplo, *processo* é uma série de atos coordenados para a realização de um fim. No caso do *processo administrativo*[1], este *fim é a aplicação da lei*[2], mediante provocação do interessado ou por iniciativa da própria Administração.

Assim, pode-se dizer que o *processo administrativo é um conjunto de atos praticados de forma coordenada para alcançar uma decisão final no âmbito administrativo*.

A Lei nº 9.784/99 regula o processo administrativo no âmbito da Administração Pública Federal, direta e indireta (art. 1°, *caput*). Mas, também se aplica ao Poder Judiciário e ao Poder Legislativo, no

---

1 Há uma diferença entre processo e procedimento. Na lição de Maria Sylvia Zanella Di Pietro: "Não se confunde processo com procedimento. O primeiro existe sempre como instrumento indispensável para o exercício de função administrativa; tudo o que a Administração Pública faz, operações materiais ou atos jurídicos, fica documentado em um processo; cada vez que ela for tomar uma decisão, executar uma obra, celebrar um contrato, editar um regulamento, o ato final é sempre precedido de uma série de atos materiais ou jurídicos, consistentes em estudos pareceres, informações, laudos, audiências, enfim, tudo o que for necessário para instruir, preparar e fundamentar o ato final objetivado pela Administração. O procedimento é o conjunto de formalidades que devem ser observadas para a prática de certos atos administrativos; equivale a rito, a forma de proceder; o procedimento se desenvolve dentro de um processo administrativo." (DI PIETRO, Maria Sylvia Zanella. **Direito Administrativo**. 25ª ed. São Paulo: Editora Atlas, 2012. p. 678.)

2 Odete Medauar cita as seguintes finalidades do processo administrativo: a) garantia jurídica dos administrados; b) melhor conteúdo das decisões; c) legitimação do poder; d) correto desempenho da função; e) justiça na Administração; f) aproximação entre a Administração e o administrado; g) sistematização de atuações administrativas; h) facilitar o controle da Administração (MEDAUAR, Odete. **Direito Administrativo Moderno**. 16. ed. rev., atual. e ampl. São Paulo: Revista dos Tribunais, 2012, p. 179-180).

desempenho de função administrativa (§1°, art. 1°), ao Ministério Público e ao Tribunal de Contas.

Importante destacar que a Lei nº 9.784/99 não revogou as leis que regulam os processos administrativos específicos em âmbito federal, como reza o seu art. 69[3]. Assim, por exemplo, os artigos da Lei nº 8.112/90, que regulam o processo administrativo disciplinar (PAD), e o Decreto n° 70.235/72, que disciplina o processo administrativo fiscal, continuam a prevalecer em suas respectivas matérias.

O processo administrativo tem peculiaridades que o distingue do processo jurisdicional (também de aplicação da lei) e do processo legislativo (de elaboração da lei). Dentre elas estão os seus princípios, que lhes são próprios. A doutrina estabelece inúmeros princípios, mas os citados no art. 2° da Lei nº 9.784/99 são os seguintes:

a) legalidade: obediência à lei e seus limites, também previsto no art. 37, *caput*, da CF/88;

b) finalidade: correspondente ao princípio da impessoalidade, igualmente previsto no art. 37, *caput*, da CF/88;

c) motivação: sem previsão expressa em texto constitucional, exceto quanto às decisões administrativas dos Tribunais, de acordo com o art. 93, X, da CF/88;

d) razoabilidade: construção doutrinaria abraçada pela jurisprudência;

e) proporcionalidade: correlato ao princípio da razoabilidade;

f) moralidade: previsto no art. 37, *caput*, da CF/88;

g) ampla defesa: previsto no art. 5°, LV, da CF/88;

h) contraditório: também previsto no art. 5°, LV, da CF/88;

i) segurança jurídica: princípio geral do direito sem previsão expressa no texto constitucional, mas o art. 5°, XXXVI, da CF/88, preconiza algumas de suas aplicações, tais como: direito adquirido, ato jurídico perfeito e coisa julgada:

3 "Art. 69. Os processos administrativos específicos continuarão a reger-se por lei própria, aplicando-se-lhes apenas subsidiariamente os preceitos desta Lei".

j) interesse público: supraprincípio do direito administrativo, sem previsão expressa em texto constitucional:

k) eficiência: previsto no art. 37, *caput*, da CF/88.

A doutrina diverge quanto à descrição das fases do processo administrativo, mas, considerando-se a Lei nº 9.784/99, pode-se concluir que o processo administrativo tem cinco fases, são elas:

1) Instauração: o art. 5°, da Lei nº 9.784/99, estabelece que o processo administrativo pode ser instaurado (iniciado) a pedido de parte interessada ou de ofício pela própria Administração. Uma vez iniciado o processo, a Administração fica impedida de atuar sobre o mesmo assunto, interrompe-se o prazo prescricional e entra em atuação o *princípio da oficialidade*, segundo o qual a Administração deve impulsionar o processo, adotando todas as medidas necessárias à sua adequada instrução;

2) Instrução: momento no qual são colhidas todas as provas e demais elementos necessários ao julgamento do processo, sempre com a participação do interessado;

3) Defesa: em obediência aos princípios da ampla defesa e do contraditório, o interessado tem o direito de apresentar contestação e retorquir de todas as maneiras legais os argumentos ou provas que lhes são apresentados;

4) Relatório: peça informativa e opinativa que serve de subsídio à decisão final, sem efeito vinculante;

5) Julgamento: momento decisório, no qual consta a peça com resumo do processo, fundamentação (sem a qual não será válida a decisão) e dispositivo (parte que contém a decisão)

Produzida a decisão, notifica-se a parte interessada para que complete e cumpra as diligências ou apresente os demais elementos necessários para a instrução dos processos de licenciamento, iniciando a terceira fase (instrução), regulamentada pelos arts.29-43 da Lei de Processo Administrativo Federal.

A instrução é indispensável ao devido processo legal, contraditório e ampla defesa, pois é nela que se formarão as razões necessárias, com amplo direito de alegação por parte do interessado e do Poder Público quanto à viabilidade ou não do pedido formulado. A instrução deve, inclusive, ser realizada de ofício, ainda que sem requerimento da parte necessária, ao contrário do processo civil.

Na fase de instrução, deverá o interessado juntar os estudos, laudos técnicos e documentos necessários à comprovação da viabilidade da atividade ou requerimento. É nesta fase que o estudo deverá ser apresentado, discutido e avaliado pela SPU, mas existem diversos outros estudos que podem ser apresentados. Na legislação estadual, também pode-se exigir o roteiro de caracterização do empreendimento (ambiental / RCA). Também haverá, necessariamente, a expedição de laudo técnico pelos agentes da administração, que servirá de elemento de prova para formação da convicção da autoridade com poder decisório. Outro aspecto da instrução é que a produção do laudo técnico pela Administração Pública é OBRIGATÓRIA. O art. 43 da Lei de Processo Administrativo prevê que, quando o órgão ambiental não produzir o laudo técnico, a autoridade competente para presidir pode solicitar de outros órgãos, inclusive, uma licitação/dispensa de licitação para contratar alguém de fora da Administração Pública, sem prejuízo do processo administrativo disciplinar.

A decisão final pode ser a negativa do pedido, o deferimento ou o deferimento condicionado, na forma de outorga, concessão, autorização, licença, entre outros instrumentos.

Por fim, vale dizer que as decisões da SPU, no entanto, não eximem o empreendedor da obtenção de outros alvarás, como os de autorizações ambientais ou outorgas específicas junto aos órgãos competentes. As atividades que se utilizam de recursos hídricos, por exemplo, também necessitarão da outorga de direito de uso deles, conforme os preceitos constantes da Lei nº 9.433/97, que institui a Política Nacional de Recursos Hídricos. Outros exemplos de autorizações e licenças específicas são apresentados a seguir: concessão de licença de instalação para atividades que incluam desmatamento depende também de autorização específica do órgão ambiental (Código Florestal, Lei nº 4.771/65, art. 19, e Resolução Conama nº 378/2006); autorização para supressão de área de preservação permanente para a execução de obras, planos, atividades ou projetos de utilidade pública ou interesse social (Código Florestal, Lei nº 4.771/65, art. 3º, § 1º, e art. 4º); licença para transportar e comercializar produtos florestais (Lei nº 4.771/65, art. 26, alíneas "h" e "i", Portaria MMA nº 253/2006 e Instrução Normativa IBAMA nº 112/2006, que dispõem sobre o Documento de Origem Florestal –DOF), licença para construção e autorização para operação de instalações nucleares e transferência da propriedade ou da posse de instalações nucleares e comércio de materiais nucleares (Lei nº 6.189/74, arts. 7º a 11); autorização para queimada controlada em práticas agropastoris e florestais (Lei nº 4.771/65, art. 27, e Decreto nº 2.661/98); concessões das agências reguladoras, como por exemplo autorização para exploração de centrais hidrelétricas até 30MW (Resolução ANEEL nº 395/98) e autorização para implantação, ampliação ou repotenciação de centrais geradoras termelétricas, eólicas e de outras fontes alternativas de energia (Resolução ANEEL nº 112/99).

Vale ressaltar que, para além disso, é garantia constitucional ao cidadão aos aos empreendedores o *direito de petição*, como consta do art. 5°, XXXIV, a, que reza:

> "XXXIV – são a todos assegurados, independentemente do pagamento de taxas:
>
> a) o **direito de petição** aos Poderes Públicos em defesa de direitos ou contra ilegalidade ou abuso de poder;" (grifos acrescidos)

É através deste direito público subjetivo que o indivíduo poderá oferecer reclamações, reivindicações, apresentar pretensões, denunciar abuso de poder de autoridades públicas, denunciar irregularidades, ilegalidades da administração pública, ou, até mesmo, para apresentar opinião relativa a determinado assunto ou exigir soluções para determinados problemas e dificuldades.

Portanto, o direito de petição constitui o direito de **qualquer pessoa** de chamar a atenção do Poder Público sobre determinada questão ou situação ou lhe formular requerimentos.

Este direito também está previsto, por exemplo, na Lei n° 4.898/65 (art. 2°, tratando do *direito de representação*), na Lei n° 8.112/90 (arts. 104 a 115), e na Lei n° 9.784/99 (em seus arts. 5° e 6°, tratando-se de *pedido inicial*, e 56 a 65, tratando-se de *recurso* e *revisão* ou *pedido de reconsideração*).

A Lei n° 9.784/99 estabelece a possibilidade de interposição de recurso contra as decisões administrativas, seguindo a lógica do que se poderia chamar de "duplo grau de jurisdição administrativa"[4].

Em verdade, o referido diploma legal prevê que podem haver no máximo três instâncias administrativas decisórias, sendo uma inicial e de uma a duas recursais (art. 57, da Lei n° 9.784/99).

Algumas especificidades dos recursos administrativos:

a) Não têm *efeito suspensivo*, a não ser que haja expressa previsão legal, ou seja, a **regra** é que sejam recebidos **apenas** no *efeito devolutivo*;

b) Em regra o prazo **preclusivo** para interposição é de 10 (dez) dias, exceto quando a lei especifica dispuser em contrário (por exemplo, no processo administrativo tributário federal o prazo para recurso é de 30 dias);

c) Mesmo que o recurso não seja conhecido, a autoridade competente pode rever de ofício ato ilegal, desde que não tenha ocorrido a preclusão administrativa (art. 63, §2°, da Lei n° 9.784/99);

---

4 Não há *jurisdição* administrativa no Brasil, pois a Constituição Federal de 1988 estabelece claramente que somente o Poder Judiciário tem *jurisdição* propriamente dita (art. 5°, XXXV). O Brasil adota o *sistema inglês* ou *sistema de jurisdição única* ou *sistema de controle judicial*. O *sistema francês* ou *sistema de dualidade de jurisdição* ou *sistema do contencioso administrativo* é aquele que veda o Poder Judiciário de apreciar atos administrativos, cabendo a tribunais específicos (de índole administrativa) esta tarefa.

d) O órgão competente incumbido do julgamento do recurso pode *confirmar*, *modificar*, *anular* ou *revogar*, total ou parcialmente, a decisão recorrida (art. 64, da Lei n° 9.784/99);

e) Os processos que resultem em sanções administrativas podem ser revistos a qualquer tempo, desde que surjam fatos novos ou circunstancias relevantes suscetíveis de justificar a inadequação da sanção aplicada (art. 65, da Lei n° 9.784/99).

Um parecer é uma manifestação de pensamento ou opinião. Tecnicamente, é uma manifestação escrita (em regra) e imparcial sobre questões que são encaminhadas à análise do parecerista, com o fulcro de subsidiar a autoridade administrativa a tomar a melhor decisão num caso concreto.

Irene Patrícia Nohara[5] ensina que são cinco as principais características do parecer:

1) Concretude: em regra, relaciona-se com questões específicas. A exceção fica a cargo dos *pareceres normativos*, que abarcam diversos casos concretos;

2) Tecnicidade: conteúdo técnico, seja ou não jurídico. Diferentemente do *laudo técnico* (ou *pericial*), que tem resultado mais exato, o parecer compreende, além dos dados técnicos, ponderações sobre a resolução mais adequada ao caso concreto;

3) Formalidade; forma escrita, em regra;

4) Anterioridade; é formulado antes do ato a que se propõe analisar a adequação;

5) Imparcialidade: não cabe ao parecerista adotar qualquer inclinação ideológica ou submissão hierárquica, do ponto de vista do mérito de sua opinião, em suma, deve manter uma posição de imparcialidade.

5 NOHARA, Irene Patrícia; MARRARA, Thiago. Processo administrativa: Lei n° 9.784/99 comentada. São Paulo: Atlas, 2009, p. 280.

Os pareceres podem ser classificados das seguintes formas:

I) Quanto à *necessidade de solicitação*:

Facultativo: quando não há obrigatoriedade legal de ser emitido;

Obrigatório: quando a lei determina que haja parecer em determinada situação, na composição do processo administrativo.

II) Quando aos *efeitos*[6]:

Vinculante: quando a decisão final da autoridade competente não puder se desviar de seu conteúdo;

Opinativo (ou não vinculante): quando a autoridade puder decidir de forma diversa, desde que motive sua decisão.

2.2. Impactos da Lei de Liberdade Econômica, da Lei de Introdução ao Direito e da Lei de Abuso de Autoridade nos processos administrativos na SPU

Um marco importante para a valorização da liberdade econômica no Brasil foi a publicação da Lei nº 13.874, de 20 de setembro de 2019, que ficou conhecida como lei da liberdade econômica. Esta lei dispõe em seu artigo 2º que são princípios da liberdade econômica, os quais devem nortear todas as disposições presentes em seu bojo: I – a liberdade como uma garantia no exercício de atividades econômicas; II – a boa-fé do particular perante o poder público; III – a intervenção subsidiária e excepcional do Estado sobre o exercício de atividades econômicas; e IV – o reconhecimento da vulnerabilidade do particular perante o Estado[7].

A intervenção do Estado no desenvolvimento de atividades econômicas deve acontecer de modo que se possa acompanhar, com eficiência, a instalação e operação das mesmas, especialmente no que diz respeito ao controle e fiscalização que possam evitar o surgimento de danos am-

6 Vide art. 42, §§ 2° e 3°, da Lei n° 9.784/99.

7 BRASIL. Lei federal nº 13.874, de 20 de setembro de 2019. Disponível em: <http://www.planalto.gov.br/ccivil_03/_ato2019-2022/2019/lei/L13874.htm>. Acesso em 17 de janeiro de 2022.

bientais significativos. Sabe-se que as atividades econômicas, pela sua característica transformadora de elementos ambientais, apresentam sempre riscos de danos ao ambiente, podendo tais danos serem classificados como elevados, médios ou baixos, a depender do tipo de exploração.

Sendo assim, o Estado precisa estar atento às etapas de instalação e à operação do empreendimento, de modo que em suas ações de polícia administrativa possa identificar eventuais afastamentos em relação ao cumprimento da legislação ambiental.

O artigo 170 da Constituição de 1988 tem uma importância singular para o estabelecimento de uma ordem econômica sustentável. O país precisa de condições para o exercício das liberdades proclamadas ao longo de todo o seu texto constitucional. Qualquer empreendedor, em qualquer lugar do mundo, não apenas valoriza, mas depende de um fator chamado segurança jurídica. Tal segurança jurídica decorre de regulações claras, precisas e justas. Este último fator pode ser um tanto vago, pois justiça não é uma definição precisa, sendo, portanto, uma ideia relativa. No entanto, o status de justiça que todo empreendedor espera encontrar se traduz em uma ordem com regras clara, de modo que a segurança jurídica, ínsita às relações, seja uma realidade perceptível e robusta.

Flexibilidade, estabilidade e segurança jurídica são fatores que todos os investidores têm em mente e em seus quadros de análises sempre que precisam tomar decisões para a expansão de seus negócios. Sendo assim, o Estado precisa oferecer, além de regras claras e estáveis, uma estrutura estatal que emane eficiência, transparência e boa-fé. Eis o "ecossistema" ideal para negócios sustentáveis. Existe um "mínimo existencial" a ser garantido em termos de regulações e estratégias de controle e fiscalização, os quais precisam ser protegidos contra proposições legislativas que visem esvaziar políticas, instrumentos e alguns status de proteção. Neste sentido, o Estado não pode, em nome de uma maior eficiência administrativa, abrir mão do exercício do seu poder de polícia, mas pode melhorar processos, trâmites, ampliar formas de acesso a sistemas eletrônicos, enfim, realizar uma atuação administrativa muito mais ágil, eficaz e produtiva. Com essas medidas, todos ganham, sociedade e empreendedores.

De acordo com o Índice de Liberdade Econômica (Index of Economic Freedom), o qual foi criado em 1995 através de uma parceria entre o The Wall Street Journal e o think tank norte-americano conhecido como

Heritage Foundation e que avalia o grau de liberdade econômica de 186 países, o Brasil ocupa a posição de número 153, sendo classificado como Estado majoritariamente não-livre, com pontuação de 51,4 (de um máximo de 100 pontos). A pontuação é obtiva através de cálculos, os quais tomam como base, fatores tais como: a) Estado de Direito – que avalia os seguintes aspectos: Direitos de Propriedade, Integridade de Governo, Eficiência Judicial; b) Tamanho do governo – que avalia os seguintes aspectos: Gastos do Governo, Carga Tributária, Saúde Fiscal; c) Eficiência Regulatória – que avalia os seguintes aspectos: Liberdade Comercial, Liberdade de Trabalho, Liberdade Monetária; e d) Mercados Abertos – que avalia aspectos como: Liberdade de Comércio Exterior, Liberdade de Investimento, Liberdade Financeira.

Segundo entende o próprio governo federal do Brasil, a liberdade econômica é o direito que as pessoas possuem de desenvolver atividades econômicas, trabalhar, gerar reservas e investir sem muita interferência do Estado, aliviando o peso da burocracia sobre o empreendedor. Segundo essa compreensão, um cidadão pode colocar em prática uma ideia de empreendimento com total autonomia, criando não só uma atividade, mas também gerando empregos e contribuindo para o desenvolvimento econômico de um jeito mais rápido e simples.

A liberdade econômica para o desenvolvimento de quaisquer atividades é fundamental. No entanto, os empreendedores precisam ter a consciência de que precisam agir de forma responsável e que, portanto, precisam cumprir toda a legislação ambiental aplicável à sua atividade. O que não se pode admitir é que os órgãos ambientais estejam agindo com abuso de autoridade, constrangendo ou intimidando ilegalmente o empreendedor com ações fiscalizatórias desproporcionais ou sem embasamento.

Ainda mais com a lei que reforçou e detalhou a liberdade econômica, uma declaração que exorta ao estado democrático brasileiro a respeitá-la. Neste sentido, ensina Georges Humbert[8]:

8 HUMBERT, Georges Louis Hage. Lei da liberdade econômica, normas gerais e princípios: impactos na aplicação e interpretação no direito administrativo, urba-

> Em 20 de setembro de 2019 foi promulgada a Lei nº 13.874, denominada Lei de Liberdade Econômica, e com ela foi instituída a Declaração de Direitos de Liberdade Econômica. O novo marco regulatório do direito econômico brasileiro, fundamentado nos arts. 170, 174 e no art. 5º da Constituição, notadamente quanto ao direito individual fundamental da liberdade, estabelece normas de proteção à livre iniciativa e ao livre exercício de atividade econômica e disposições sobre a atuação do Estado como agente normativo e regulador. A lei incide sobre as mais diversas relações jurídicas, de direito público e privado. Em geral, o disposto nesta nova lei será observado na aplicação e na interpretação do direito civil, empresarial, econômico, urbanístico e do trabalho nas relações jurídicas que se encontrem no seu âmbito de aplicação e na ordenação pública, inclusive sobre exercício das profissões, comércio, juntas comerciais, registros públicos, trânsito, transporte e proteção ao meio ambiente.

E arremata:

> Ponto relevante, em matéria e processos de natureza jurídicoambiental é que a nova Lei dos Direitos de Liberdade Econômica inverte uma lógica até então dominante, da interpretação e aplicação da norma e das restrições em favor da administração pública. Isso porque, a partir de agora, passa a vigorar a presunção de boa-fé em favor do empreendedor, cujos atos, agora, tal qual ao do próprio Poder Público, gozarão de presunção de legitimidade e de veracidade, cabendo ao servidor público que duvidar de sua higidez e validade provar o que alega. Some-se a isso o fato

nístico e ambiental. In: HUMBERT, Georges Louis Hage (Coord.). Lei de liberdade econômica e os seus impactos no Direito Administrativo. Belo Horizonte: Fórum, 2020. p. 63-70. ISBN 978-85-450-0756-2

> de que o particular passa a ser considerado a parte vulnerável da relação, o que implica que as questões complexas, onerosas e os embaraços criados pela própria fiscalização ambiental precisam ser relativizados, arcados e corrigidos pela própria administração, salvo prova de que o empreendedor não é hipossuficiente no caso concreto, tudo nos termos do art. 2º da Lei nº 13.874/2019. Trata-se de um giro de segurança e potencialização dos atos de empreendedorismo no âmbito dos processos públicos de liberação a licença, a autorização, a concessão, a inscrição, a permissão, o alvará, o cadastro, o credenciamento, o estudo, o plano, o registro e os demais atos exigidos, sob qualquer denominação, por órgão ou entidade da administração pública na aplicação de legislação, como condição para o exercício de atividade econômica, inclusive o início, a continuação e o fim para a instalação, a construção, a operação, a produção, o funcionamento, o uso, o exercício ou a realização, no âmbito público ou privado, de atividade, serviço, estabelecimento, profissão, instalação, operação, produto, equipamento, veículo, edificação e outros, consoante inclusive expressa determinação do §6º do art. 1º.

Neste sentido, importante lembrar que o art. 3º da Lei nº 13.874, de 20 de setembro de 2019 dispõe que são direitos de toda pessoa, natural ou jurídica, essenciais para o desenvolvimento e o crescimento econômicos do país, observado o disposto no parágrafo único do art. 170 da Constituição Federal, que merece uma análise detida.

Cumpre, neste momento, trazer, ponto a ponto, os reflexos, uma análise tópica mesmo, das inovações e delimitações jurídicas da lei de liberdade econômica para a administração pública ordenadora da SPU, particularmente no que concerne ao art. 3º da Lei nº 13.874:

> ***I) desenvolver atividade econômica de baixo risco, para a qual se valha exclusivamente de propriedade privada própria ou de terceiros consensuais, sem a necessidade***

de quaisquer atos públicos de liberação da atividade econômica – trata-se de medida importante, mas que não dispensa a análise do SPU. Neste sentido, se após a análise de impactos ambientais, o referido órgão, através de sua equipe de avaliadores (ou analistas) de impactos ambientais entender que se trata de atividade econômica de baixo risco, pode dispensar a exigência da licença ambiental correspondente, substituindo-a pela apresentação de outros documentos. Tal fato ocorre, pois só os órgãos ambientais competentes é que detém a competência para enquadrar atividades como sendo de baixo risco. Convém ainda recordar que a lei em tela dispõe que ato do Poder Executivo federal disporá sobre a classificação de atividades de baixo risco a ser observada na ausência de legislação estadual, distrital ou municipal específica e que na hipótese de ausência de ato do Poder Executivo federal, será aplicada resolução do Comitê para Gestão da Rede Nacional para a Simplificação do Registro e da Legalização de Empresas e Negócios (CGSIM), independentemente da aderência do ente federativo à Rede Nacional para a Simplificação do Registro e da Legalização de Empresas e Negócios (Redesim); e ainda, na hipótese de existência de legislação estadual, distrital ou municipal sobre a classificação de atividades de baixo risco, o ente federativo que editar ou tiver editado norma específica encaminhará notificação ao Ministério da Economia sobre a edição de sua norma (§1º, incisos I, II e III do art. 3º). A lei em tela dispõe ainda que a fiscalização do exercício do direito de que trata o inciso I do *caput* deste artigo será realizada posteriormente, de ofício ou como consequência de denúncia encaminhada à autoridade competente (§2º do art. 3º).

II) desenvolver atividade econômica em qualquer horário ou dia da semana, inclusive feriados, sem que para isso esteja sujeita a cobranças ou encargos adicionais, observadas: a) as normas de proteção ao meio ambien-

te, incluídas as de repressão à poluição sonora e à perturbação do sossego público; b) as restrições advindas de contrato, de regulamento condominial ou de outro negócio jurídico, bem como as decorrentes das normas de direito real, incluídas as de direito de vizinhança; e c) a legislação trabalhista – trata-se de típica medida de liberdade para o desenvolvimento das atividades. Percebase que não se deve impor restrições ao desenvolvimento de atividades econômicas no que diz respeito a dias ou horários, salvo, obviamente, exigências de cumprimento às normas ambientais, como a que deve evitar quaisquer tipos de emissões – fluidas, gasosas ou sonoras – que possam perturbar o sossego dos seres humanos e da fauna que estejam na área de abrangência de impactos da atividade (vizinhança). Note-se ainda a preocupação do legislador, alinhando-se ao Texto Constitucional de 1988, com a saúde dos trabalhadores, que ali ofereçam a sua força.

III – definir livremente, em mercados não regulados, o preço de produtos e de serviços como consequência de alterações da oferta e da demanda – trata-se de liberdade fundamental em um Estado de Direito adepto da economia de mercado. Mesmo que o Estado brasileiro tenha se comprometido a viabilizar um Estado de Bem-Estar Social, com intervenções estatais certas e determinadas, estas devem ocorrer de forma pontual, especialmente para garantir a fruição de direitos fundamentais, dentre os quais podemos destacar o meio ambiente ecologicamente equilibrado. Sendo assim, o espaço das liberdades deve ser mantido, especialmente da liberdade econômica. Importante asseverar que o disposto nesse inciso não se aplica às situações em que o preço de produtos e de serviços seja utilizado com a finalidade de reduzir o valor do tributo, de postergar a sua arrecadação ou de remeter lucros em forma de custos ao exterior; e à legislação de defesa da concorrência, aos direitos do consumidor e às demais disposições protegidas por lei federal (§3º, incisos II e II do art. 3º).

IV - receber tratamento isonômico de órgãos e de entidades da administração pública quanto ao exercício de atos de liberação da atividade econômica, hipótese em que o ato de liberação estará vinculado aos mesmos critérios de interpretação adotados em decisões administrativas análogas anteriores, observado o disposto em regulamento - trata-se de medida fundamental para a efetivação do princípio da igualdade, previsto no *caput* do art. 5º da Constituição de 1988. Não é justo, razoável ou republicano utilizar-se da estrutura da Administração Pública para favorecer alguns e prejudicar outros diante de casos, pedidos, situações e fundamentos idênticos ou análogos. Exigências ambientais devem ter como lastro leis e regulamentos de execução previamente estabelecidos, tendo aplicação geral para todos os casos. Violações nesse sentido devem ser combatidas, especialmente, mediante mandado de segurança, salvo outras ações que visem responsabilizar o Estado e seus agentes.

V - gozar de presunção de boa-fé nos atos praticados no exercício da atividade econômica, para os quais as dúvidas de interpretação do direito civil, empresarial, econômico e urbanístico serão resolvidas de forma a preservar a autonomia privada, exceto se houver expressa disposição legal em contrário - a ideia de legislador é reconhecer a presunção de boa-fé dos empreendedores. Trata-se de medida fundamental para conferir responsabilidade e probidade à atuação de empresários, o que faz com que intimidações estatais, motivadas por fiscalizações desarrazoadas sejam combatidas, exigindo-se dos respectivos fiscais e/ou agentes públicos, provas robustas da prática de infrações, crimes ambientais, ou outras violações administrativas. Na ausência de regulação, deve-se respeitar a autonomia privada, em respeito ao próprio princípio da legalidade, que impõe que "enquanto na administração particular é lícito fazer tudo que a lei não proíbe, na Administração Pública só é permitido fazer o que a lei autoriza"[9]

VI - desenvolver, executar, operar ou comercializar novas modalidades de produtos e de serviços quando as normas infralegais se tornarem desatualizadas por força de desenvolvimento tecnológico consolidado internacionalmente, nos termos estabelecidos em regulamento, que disciplinará os requisitos para aferição da situação concreta, os procedimentos, o momento e as condições dos efeitos - não se trata de situação na qual o empreendedor esteja autorizado a desenvolver, executar ou comercializar quaisquer produtos ou serviços que estejam fora do âmbito de regulação anterior por se tratarem de frutos de inovações tecnológicas ou até mesmo novas ofertas ou atuações. Em tese, pode até parecer que seja assim, pela literalidade do inciso VI. No entanto, uma leitura mais atenta desse mesmo inciso revela a necessidade de que seja editado um novo regulamento, que deve disciplinar os requisitos para aferição da situação concreta, os procedimentos aceitáveis, o momento e as condições dos efeitos que possam decorrer do desenvolvimento da atividade. Talvez a intenção do legislador fosse ampliar a margem de liberdade empreendedora. Contudo, a redação do referido inciso ficou muito vaga, dando margem a diversas interpretações, dentre as quais, a que apresentamos acima.

VIII - ter a garantia de que os negócios jurídicos empresariais paritários serão objeto de livre estipulação das partes pactuantes, de forma a aplicar todas as regras de direito empresarial apenas de maneira subsidiária ao avençado, exceto normas de ordem pública - trata-

9 MIRELLES, Hely Lopes. Direito Administrativo Brasileiro. 30. Ed. São Paulo: Malheiros, 2005.

-se de regra que exalta a importância da contratualidade, em especial a força obrigatória dos contratos (*pacta sunt servanda*)[10], ampliando a margem de liberdade para as pessoas físicas e jurídicas que desenvolvem atividades econômicas. Neste sentido, as regras de direito empresarial teriam aplicação subsidiária, com exceção das imposições normativas de ordem pública. Contudo, uma observação deve ser feita: esta regra não se aplica à empresa pública e à sociedade de economia mista definidas nos arts. 3º e 4º da Lei nº 13.303, de 30 de junho de 2016 (§5º do art. 3º).

IX – ter a garantia de que, nas solicitações de atos públicos de liberação da atividade econômica que se sujeitam ao disposto nesta Lei, apresentados todos os elementos necessários à instrução do processo, o particular será cientificado expressa e imediatamente do prazo máximo estipulado para a análise de seu pedido e de que, transcorrido o prazo fixado, o silêncio da autoridade competente importará aprovação tácita para todos os efeitos, ressalvadas as hipóteses expressamente vedadas em lei – trata-se de importante avanço que a presente lei trouxe ao desenvolvimento de atividades econômicas, uma vez que eleva a importância do princípio da eficiência administrativa em matéria ambiental. A regulação ambiental ou a do patrimônio, como na SPU, bem como intervenções estatais tais como as que exigem licenças ou autorizações ambientais são muito importantes à concretização de diversos princípios do direito ambiental, em especial, os da prevenção, precaução, desenvolvimento sustentável e do poluidor-pagador. No entanto, a Administração Pública com atuação ambiental deve agir com celeridade, sem descuidar das cautelas cabíveis, de modo que os atos administrativos ambientais que lhe caibam sejam formalizados

10 Disponível em: <https://www.aurum.com.br/blog/pacta-sunt-servanda/>. Acesso em 03 de fevereiro de 2022.

dentro de prazos razoáveis. Desta forma, ganham todos: ganha a sociedade em geral, pela diligência do órgão ambiental em acompanhar o desenvolvimento de atividades econômicas sustentáveis e ganham os empreendedores, que recebem respostas rápidas diante de suas demandas administrativas. O denominado silêncio administrativo é combatido neste inciso, quando esta lei impõe que sua ocorrência enseja a aprovação tácita do que está sendo pleiteado pelos empreendedores. No entanto, convém recordar que o disposto nesse inciso IX não se aplica a questões tributárias de qualquer espécie ou de concessão de registro de marcas; também quando a decisão importar em compromisso financeiro da administração pública; e ainda, quando houver objeção expressa em tratado em vigor no País (§6º, incisos I, II e II do art. 3º). Outra hipótese de não aplicação da referida aprovação tácita ocorre quando a titularidade da solicitação for de agente público ou de seu cônjuge, companheiro ou parente em linha reta ou colateral, por consanguinidade ou afinidade, até o 3º (terceiro) grau, dirigida a autoridade administrativa ou política do próprio órgão ou entidade da administração pública em que desenvolva suas atividades funcionais (§7º do art. 3º). Por fim, no que tange ao prazo a ser informado pela Administração Pública ambiental este deve ser definido pelo órgão ou pela administração pública solicitada, observados os princípios da impessoalidade e da eficiência e os limites máximos estabelecidos em regulamento (§8º do art. 3º).

X - arquivar qualquer documento por meio de microfilme ou por meio digital, conforme técnica e requisitos estabelecidos em regulamento, hipótese em que se equiparará a documento físico para todos os efeitos legais e para a comprovação de qualquer ato de direito público - trata-se de uma garantia criada com o intuito de se preservar os atos administrativos emanados em demandas processuais que tramitaram perante a Administração

Pública. Objetiva também que seja possível localizar, com agilidade e celeridade, atos administrativos e documentos que foram apresentados pelos administrados em processos administrativos que tramitaram em órgãos públicos, em quaisquer níveis: federal, estadual, distrital e municipal.

XI – não ser exigida medida ou prestação compensatória ou mitigatória abusiva, em sede de estudos de impacto ou outras liberações de atividade econômica no direito urbanístico, entendida como aquela que: a) requeira medida que já era planejada para execução antes da solicitação pelo particular, sem que a atividade econômica altere a demanda para execução da referida medida; b) utilize-se do particular para realizar execuções que compensem impactos que existiriam independentemente do empreendimento ou da atividade econômica solicitada; c) requeira a execução ou prestação de qualquer tipo para áreas ou situação além daquelas diretamente impactadas pela atividade econômica; ou d) mostre-se sem razoabilidade ou desproporcional, inclusive utilizada como meio de coação ou intimidação – trata-se de disciplina importante, mas que não representa inovação, uma vez que a exigência de medida ou prestação compensatória ou mitigatória abusiva já é uma prática que deve ser combatida à luz do direito administrativo pátrio, especialmente no que diz respeito à ocorrência de abusos de poder ou de atos de improbidade administrativa, especialmente nos casos de violação aos princípios que regem a Administração Pública. Apesar da crítica anteriormente apontada, as alíneas que se seguem (em ordem diferente das previstas no texto da lei, pois excluiu-se as que foram vetadas) apontam para a importância da aplicação dos princípios da proporcionalidade e da razoabilidade, uma vez que não é razoável e justo que se possa impor ao empreendedor um ônus maior do que o que deve suportar. Vale frisar que esta regra

> não se aplica às situações de acordo resultantes de ilicitude, nos termos do §10º do artigo 3º desta lei.
>
> ***XII – não ser exigida pela administração pública direta ou indireta certidão sem previsão expressa em lei*** – trata-se, mais uma vez, de valorizar-se a realização do princípio da legalidade. Não se pode criar condições extras, não previstas em lei, as quais venham a constituir-se em verdadeiros obstáculos à liberdade econômica. Importante frisar que o §11º do artigo 3º desta lei dispõe que é ilegal delimitar prazo de validade de certidão emitida sobre fato imutável, inclusive sobre óbito.

Isto posto, não é demasiado trazer à baila, mais uma lição de Georges Humbert[11] sobre o tema, pois complementar ao quanto asseverado supra:

> Além das normas gerais analisadas supra, há também algumas determinações que incidem em caráter mais específico e concreto. Uma delas é que as propostas de edição e de alteração de atos normativos de interesse geral de agentes econômicos ou de usuários dos serviços prestados, editadas por órgão ou entidade da administração pública federal, incluídas as autarquias e as fundações públicas, serão 68 GEORGES LOUIS HAGE HUMBERT (COORD.) LEI DE LIBERDADE ECONÔMICA E OS SEUS IMPACTOS NO DIREITO ADMINISTRATIVO precedidas da realização de análise de impacto regulatório, que conterá informações e dados sobre os possíveis efeitos do ato normativo para verificar a razoabilidade do seu impacto econômico. Verifica-

11 HUMBERT, Georges Louis Hage. Lei da liberdade econômica, normas gerais e princípios: impactos na aplicação e interpretação no direito administrativo, urbanístico e ambiental. In: HUMBERT, Georges Louis Hage (Coord.). Lei de liberdade econômica e os seus impactos no Direito Administrativo. Belo Horizonte: Fórum, 2020. p. 63-70. ISBN 978-85-450-0756-2

> se, assim, a potencialização dos princípios da eficiência e do planejamento em matéria de intervenção e ordenação do Estado nas atividades econômicas, além do devido processo legal, no seu aspecto substantivo da razoabilidade e proporcionalidade das medidas estatais. Assim sendo, tudo deve ser precificado, quantificado e justificado para ser exigido. Não mais se admite requisitos e pleitos do estado ante o administrador tirado de achismos, senso comum ou desmedidos. Os mesmos devem ser necessários, adequados e na medida exata do que se pretende mensurar e tutelar a partir da sua apresentação.

Pelo exposto e de uma detida análise da nova lei, verifica-se, destas e outras regulamentações, que se trata de norma que em nenhuma medida reduz a proteção ao interesse público, urbanístico e ambiental, mas vai ao encontro dos direitos fundamentais de liberdade, segurança e aos princípios da ordem econômica, da administração pública, notadamente o da eficiência, como também aos da tutela dos princípios da administração pública, do direito ao meio ambiente ecologicamente equilibrado, e das funções sociais da cidade[4] e da propriedade urbana,[5] especialmente no que tange a promoção da sustentabilidade, valor jurídico que somente alcança a sua máxima potência quando o desenvolvimento econômico, o progresso social e a preservação dos ecossistemas caminham de mãos dadas, como é o que se pretende com a Declaração de Direitos da Liberdade Econômica, que veio tarde, mas em boa hora.

Consoante a ordem jurídica constitucional e infraconstitucional posta no Brasil, a liberdade econômica é condição, meio é vetor de segurança jurídica e asseguramento de um desenvolvimento sustentável. Por esta razão, o Estado deve, não só deixar de criar entraves sem razões técnicas, lógicas e jurídicas – tal burocracia. Mais do que isso, deve criar um ambiente favorável a investimentos que possam ampliar cada vez mais a abertura de novos postos de trabalho, gerando empregabilidade e renda, o que tem importância singular para a concretização de direitos fundamentais na seara econômica e social, realidade que deve ocorrer em consonância com a política ambiental pátria, seja qual for o seu nível de competência: federal, estadual, distrital ou municipal.

A sustentabilidade é absolutamente contrária à lógica do radicalismo ambientalista ou do radicalismo desenvolvimentista. Dois extremos confrontam a Constituição, as leis, o devido processo legal substantivo e outros padrões jurídicos nacionais e internacionais. Sendo assim, o ambiente deve ser administrado de modo que seja possível extrair do mesmo os bens e matérias-primas de que depende a humanidade, sem que com isso ocorra o exaurimento dos recursos ambientais ou que se comprometa a realização das funções ecológicas nos mais variados ecossistemas de nosso país.

Vale lembrar que nessa difícil tarefa de ponderar utilizações de recursos ambientais indispensáveis à humanidade, instrumentos como os zoneamentos ambientais podem ser muito úteis. Como se sabe, tal ferramenta, de tão estratégica que é, serve para subsidiar a criação de espaços territoriais a serem especialmente protegidos, o que garante a manutenção integral de biomas e de áreas de especial interesse ecológico, com todos os seus componentes.

Reservados os espaços singulares, com funções ecológicas pronunciadas, cabe ao Estado, nas áreas exploráveis, garantir a liberdade econômica necessária para que empreendedores desenvolvam atividades econômicas sustentáveis. Longe de ser um problema, a solução é a necessária, adequada e proporcional interseção entre economia *x* meio ambiente, fundamental aos vetores sociais, ecológicos e econômicos ínsitos ao mínimo existência para a dignidade da pessoa humana, todos fundamentos desta República.

Por fim, importante considerar que a lei em tela, não obstante todas as observações aqui destacadas, tem como principal escopo desburocratizar a Administração Pública em geral, não apenas a Administração Pública na SPU.

CAPÍTULO III

PROCESSO ADMINISTRATIVO NO SPU E PROCESSO JUDICIAL DA SPU

1. PATRIMÔNIO DA UNIÃO

A Constituição Federal de 1988, em seu artigo 20, incisos I ai XI, dispõe sobre os bens da União. São estes: *a)* os que atualmente lhe pertencem e os que lhe vierem a ser atribuídos; *b)* as terras devolutas indispensáveis à defesa das fronteiras, das fortificações e construções militares, das vias federais de comunicação e à preservação ambiental, definidas em lei; *c)* os lagos, rios e quaisquer correntes de água em terrenos de seu domínio, ou que banhem mais de um Estado, sirvam de limites com outros países, ou se estendam a território estrangeiro ou dele provenham, bem como os terrenos marginais e as praias fluviais; *d)* as ilhas fluviais e lacustres nas zonas limítrofes com outros países; as praias marítimas; as ilhas oceânicas e as costeiras, excluídas, destas, as que contenham a sede de Municípios, exceto aquelas áreas afetadas ao serviço público e a unidade ambiental federal, e as referidas no art. 26, II; *e)* os recursos naturais da plataforma continental e da zona econômica exclusiva; *f)* o mar territorial; *g)* os terrenos de marinha e seus acrescidos; *h)* os potenciais de energia hidráulica; *i)* os recursos minerais, inclusive os do subsolo; *j)* as cavidades naturais subterrâneas e os sítios arqueológicos e pré-históricos; *l)* as terras tradicionalmente ocupadas pelos índios[1].

O órgão responsável pela gestão do patrimônio da União é a SPU (Secretaria do Patrimônio da União). Trata-se de órgão vinculado ao Ministério da Economia. Entre suas responsabilidades estão a autorização para a ocupação dos imóveis públicos federais, estabelecendo

1 BRASIL. **Constituição da República Federativa do Brasil de 1988**. Disponível em: <https://www.planalto.gov.br/ccivil_03/constituicao/ConstituicaoCompilado.htm>. Acesso em 11 de março de 2023.

diretrizes para alienação de imóveis, cessão onerosa ou gratuita, entre outras formas de destinação, objetivando a melhor gestão deste patrimônio. Também promove a gestão dos terrenos de marinha, das praias marítimas e fluviais e o controle do uso dos bens de uso comum do povo, entre outras atribuições[2].

Trataremos nas linhas seguintes sobre procedimentos próprios e específicos para a classificação de determinados imóveis como patrimônio da União, dando ênfase maior ao bem que ocupa maior destaque no cotidiano do órgão: os terrenos e marinha e seus acrescidos.

1.1. Terrenos de Marinha e Acrescidos de Marinha

Os terrenos de marinha e seus acrescidos são de propriedade da União, por expressa disposição constitucional (art. 20, II da C.F.), possuindo a natureza de bens públicos dominicais (Novo Código Civil, art. 99, inciso III), uma vez que podem ser objeto de exploração por parte do poder público, para obtenção de renda (Código Civil, art. 104).

1.1.1. Conceituação de Terrenos de Marinha

Os terrenos de marinha, nos termos do artigo 2º do Decreto-Lei nº 9.760, de 05 de setembro de 1946 (ainda em vigor) são aqueles terrenos, em uma profundidade de 33 (trinta e três) metros, medidos horizontalmente, para a parte da terra, da posição da linha do preamar-médio de 1831: *a)* os situados no continente, na costa marítima e nas margens dos rios e lagoas, até onde se faça sentir a influência das marés; *b)* os que contornam as ilhas situadas em zona onde se faça sentir a influência das marés.

Ressalte-se que a determinação dos terrenos de marinha deve ser feita com base em estudos, através de levantamentos de dados,

2 SECRETARIA DO PATRIMÔNIO DA UNIÃO – MINISTÉRIO DA ECONOMIA. **Atuação.** Disponível em: <https://www.gov.br/economia/pt-br/assuntos/patrimonio-da-uniao>. Acesso em 11 de março de 2023.:

que possam aproximar ao máximo a realidade da maré no ano de 1831, para que, a partir da identificação da LPM (Linha Preamar Média), se possa iniciar a contagem dos 33 (trinta e três) metros para o interior do continente.

Como se percebe, torna-se imprescindível ter o exato conhecimento de onde estava fixada a Linha de Preamar Médio (LPM) de 1831, ou seja, a linha da maior maré daquele ano, o que, frise-se, não é fácil de se conhecer. Em virtude da dinâmica marinha, que varia bastante a cada ano em face de questões antrópicas e planetárias, não é procedimento simples determinar, com exatidão tal marco geográfico, ainda mais porque nos remete ao longínquo ano de 1831. No entanto, apesar da dificuldade, tal tarefa é possível e ninguém melhor do que um engenheiro agrimensor ou um técnico em agrimensura para localizá-la.

O parágrafo único desse mesmo artigo 2º explica que a influência das marés é caracterizada pela oscilação periódica de 5 (cinco) centímetros pelo menos, do nível das águas, que ocorra em qualquer época do ano. A influência das marés em rios e lagunas se revela presente através da existência da água salobra. Isso porque a água salgada dos oceanos adentra o continente, modificando o pH das águas da calha fluvial, criando, inclusive, as condições perfeitas para a ocorrência de manguezais.

Outra questão relevante é compreender a diferença entre terrenos de marinha e acrescidos de marinha. Os acrescidos de marinha são aqueles imóveis medidos também a partir da LPM de 1831, no entanto, para o lado do mar, dos rios ou de lagunas. Os acrescidos são pedaços de terra (obrigatoriamente) que surgem, de forma natural ou artificial (aterros), sempre em direção ao oceano. Vejamos o que dispõe o artigo 3º desse mesmo decreto-lei: "são terrenos acrescidos de marinha os que se tiverem formado, natural ou artificialmente, para o lado do mar ou dos rios e lagoas, em seguimento aos terrenos de marinha.

Observação importante a ser feita é o conceito de laguna. Lagunas são lagos ou lagos que, de uma forma ou de outra se conectaram ao mar, fazendo com que suas águas deixassem e ser completamente doces, para serem essencialmente salobras, tudo por causa da influência de marés. Sempre que um determinado rio, riacho ou laguna apresenta certa influência de maré, entende-se que está inserido em uma dinâmica estuarina. Os estuários são esses ambientes, portanto, com influência das marés.

1.1.2. Como se dá a demarcação dos terrenos de marinha?

A demarcação dos imóveis classificados como Terrenos de Marinha ocorre por definição da Secretaria do Patrimônio da União (S.P.U.) – que anteriormente era chamada de Serviço do Patrimônio da União (S.P.U.). O primeiro passo se dá com a determinação da posição das linhas do preamar-médio do ano de 1831 e da média das enchentes ordinárias. A partir dessa linha demarcatória, o procedimento de demarcação física de limites entre os terrenos de domínio da União e os imóveis de terceiros poderá ser realizado pela União, por outros entes públicos ou por particulares, nos termos definidos em ato do Secretário de Coordenação e Governança do Patrimônio da União, observados os procedimentos licitatórios quando for o caso[3].

E na prática, o que deve ser feito para que se possa obter, com certa precisão, a identificação do local exato onde esteve a Linha de Preamar Médio (LPM) do longínquo ano de 1831? O artigo 10 do Decreto-Lei nº 9.760, de 05 de setembro de 1946 responde afirmando que a determinação será feita à vista de documentos e plantas de autenticidade irrecusável, relativos àquele ano, ou, quando não obtidos, a época que do mesmo se aproxime. A partir deste marco inicial, a Secretaria de Coordenação e Governança do Patrimônio da União realizará, no âmbito do processo demarcatório, audiência pública de demarcação das áreas da União, presencial ou eletrônica, nos Municípios abrangidos pelo trecho a ser demarcado (art. 11). Então a Secretaria de Coordenação e Governança do Patrimônio da União notificará o Município sobre a abertura do processo demarcatório e a apresentação de documentos históricos, cartográficos e institucionais, informando a respeito da realização da audiência e da

3 Art. 9º e seu parágrafo único, com adaptações.

cooperação na execução de procedimentos técnicos, inclusive quanto à publicidade perante a população local. Este mesmo órgão fará o convite para a audiência pública, por meio de publicação em seu sítio eletrônico institucional e no Diário Oficial da União em até 30 (trinta) dias de sua realização, não descartados outros meios de publicidade. Na audiência pública, além de colher documentos históricos, cartográficos e institucionais relativos ao trecho a ser demarcado, a Secretaria de Coordenação e Governança do Patrimônio da União apresentará à população interessada informações e esclarecimentos sobre o processo demarcatório, recebendo os referidos documentos em até 30 (trinta) dias após a sua realização. Frise-se ainda que ainda no esteio do artigo 11, especialmente em seu §5º consta que as audiências públicas a serem realizadas nos Municípios abrangidos pelo mesmo trecho a ser demarcado poderão ser simultâneas ou agrupadas (art. 11, §§1º ao 5º).

A realização de audiências públicas serve ao cumprimento de diversos princípios da Administração Pública, em especial aos princípios da participação e da transparência.

Como se percebe, trata-se de procedimento eminentemente técnico. No tanto, apesar de todo o tecnicismo envolvido, o acompanhamento de todas as etapas *suso* referidas pelos interessados mostra-se fundamental, uma vez que sempre é possível apontar erros diante da ação humana.

Logo após a realização dos trabalhos técnicos que se fizerem necessários, de acordo com o art. 12 desta norma, o Superintendente do Patrimônio da União no Estado determinará a posição da linha demarcatória por despacho.

Ato contínuo, a Secretaria do Patrimônio da União do Ministério do Planejamento, Orçamento e Gestão fará notificação pessoal dos interessados certos alcançados pelo traçado da linha demarcatória para, no prazo de 60 (sessenta) dias, oferecerem quaisquer impugnações.

Neste momento, convém que o interessado disponha dos conhecimentos técnicos necessários ou que contrate profissional capacitado, de modo que possa atestar a regularidade do processo de definição da LPM de 1831 e os correspondentes limites dos terrenos de marinha. Vale recordar que na área urbana, considera-se interessado certo o responsável pelo imóvel alcançado pelo traçado da linha demarcatória até a linha limite de terreno marginal ou de terreno de marinha que esteja cadastrado na Secretaria do Patrimônio da União ou inscrito no cadastro do Imposto Predial e Territorial Urbano (IPTU) ou outro cadastro que vier a substituí-lo. Já na área rural, considera-se interessado certo o responsável pelo imóvel alcançado pelo traçado da linha demarcatória até a linha limite de terreno marginal que esteja cadastrado na Secretaria do Patrimônio da União e, subsidiariamente, esteja inscrito no Cadastro Nacional de Imóveis Rurais (CNIR) ou outro que vier a substituí-lo. Importa ainda destacar que o Município e o Instituto Nacional de Colonização e Reforma Agrária (Incra), no prazo de 30 (trinta) dias contado da solicitação da Secretaria do Patrimônio da União, deverão fornecer a relação dos inscritos nos cadastros previstos nos §§ 1º e 2º do art. 12-A. Convém ainda ressaltar que a relação dos imóveis constantes dos cadastros referidos nos §§ 1º e 2º do mesmo artigo 12-A deverá ser fornecida pelo Município e pelo Incra no prazo de 30 (trinta) dias contado da solicitação da Secretaria do Patrimônio da União. Frise-se também que a atribuição da qualidade de interessado certo independe da existência de título registrado no Cartório de Registro de Imóveis. Todas as regulações acima apontadas estão presentes nos §§ 1º a 5º do art. 12-A do decreto-lei em tela.

Acréscimos impostos pela Lei nº 13.139, de 2015 dispõe ainda, no art. 12-B, que a Secretaria do Patrimônio da União do Ministério do Planejamento, Orçamento e Gestão fará notificação por edital, por meio de publicação em jornal de grande circulação no local do trecho demarcado e no Diário Oficial da União, dos interessados incertos alcançados pelo traçado da linha demarcatória para, no prazo de 60 (sessenta) dias, apresentarem quaisquer impugnações, que poderão ser dotadas de efeito suspensivo nos termos do parágrafo único do art. 61 da Lei nº 9.784, de 29 de janeiro de 1999 e no art. 12-C que fica a Secretaria do Patrimônio da União (SPU) autorizada a concluir até 31 de dezembro de 2025 a identificação dos terrenos marginais de rio federal navegável, dos terrenos de marinha e seus acrescidos, de que tratam os arts. 2º, 3º e 4º do decreto-lei em comento.

Percebe-se, portanto, que estão em curso processos demarcatórios e/ou de revisão dos terrenos de marinha e outros bens patrimoniais da União.

Importante ainda destacar que tão logo o Superintendente do Patrimônio da União no Estado tome conhecimento das impugnações eventualmente apresentadas deverá reexaminar o assunto e, se confirmar sua decisão, deve notificar os recorrentes para que, no prazo improrrogável de 20 (vinte) dias contado da data de sua ciência, possam interpor recurso, que poderá ser dotado de efeito suspensivo, o qual deve ser dirigido ao Secretário do Patrimônio da União do Ministério do Planejamento, Orçamento e Gestão (art. 13). Frise-se que o efeito suspensivo de que tratam o *caput* do art. 13 e o art. 12-B aplicar-se-á apenas à demarcação do trecho impugnado, salvo se o fundamento alegado na impugnação ou no recurso for aplicável a trechos contíguos, hipótese em que o efeito suspensivo, se deferido, será estendido a todos eles.

Por fim, da decisão proferida pelo Secretário de Coordenação e Governança do Patrimônio da União da Secretaria Especial de Desestatização, Desinvestimento e Mercados do Ministério da Economia será dado conhecimento aos recorrentes que, no prazo de 20 (vinte) dias, contado da data de sua ciência, poderão interpor recurso, sem efeito suspensivo, dirigido ao superior hierárquico, em última instância (art. 14).

Estes são, com todos os detalhes previstos em lei, os passo a passo do trâmite administrativo para a delimitação da Linha de Preamar Médio de 1831 e outros desdobramentos desta fixação.

1.1.3. Discriminação de terras da União

O art. 19 do Decreto-Lei nº 9.760/1946 dispõe que incumbe a Secretaria do Patrimônio da União promover, em nome da Fazenda Nacional, a discriminação administrativa das terras na faixa de fronteira e nos Territórios Federais, bem como de outras terras do domínio da União, a fim de descrevê-las, medí-las e extremá-las do domínio particular.

O que deve fazer a SPU caso os bens da União venham a ser indevidamente ocupados, invadidos, turbados na posse, ameaçados de perigos ou confundidos em suas limitações? Nestes casos, a SPU deve fazer uso dos remédios disponíveis ao direito comum (art. 20).

Vale ainda destacar que o processo discriminatório se desdobra em duas fases ou instâncias, sendo uma administrativa ou amigável e outra judicial, recorrendo a Fazenda Nacional à segunda, relativamente àqueles contra quem não houve surtido ou não puder surtir efeitos a primeira. Dispensar-se-á, todavia, a fase administrativa ou amigável, nas discriminatórias, em que a Fazenda Nacional verificar ser a mesma de todo ou em grande parte ineficaz pela incapacidade, ausência ou conhecida oposição da totalidade ou maioria dos interessados (art. 21 e seu parágrafo único).

Por ora, passa-se a expor os detalhes das discriminações administrativas e judiciais:

Processo de Discriminação Administrativa

- Precederá à abertura da instância administrativa o estudo e reconhecimento prévio da área discriminada, por engenheiro ou agrimensor com exercício no órgão local da Secretaria do Patrimônio da União, que apresentará relatório ou memorial descritivo: a) do perímetro com suas características e continência certa ou aproximada; b) das propriedades e posses nele localizadas ou a ele confinantes, com os nomes e residências dos respectivos proprietários e possuidores; c) das criações, benfeitorias e culturas, encontradas, assim como de qualquer manifestação evidente de posse das terras; d) de um croquis circunstanciado quanto possível; e) de outras quaisquer informações interessantes (art. 22);

- Com o memorial e documentos que porventura o instruírem, o Procurador da Fazenda Pública iniciará o processo, convocando os interessados para em dia, hora e lugar indicados com prazo antecedente não menor de 60 (sessenta) dias se instalarem os trabalhos de discriminação e apresentarem as partes seus títulos documentos e informações que lhe possam interessar. O processo discriminatório correrá na sede da situação da área discriminada ou de sua maior parte. A convocação ou citação será feita aos proprietários, possuidores, confinantes, a todos os interessados em geral, inclusive as mulheres casadas, por editais, e, além disso, cautelarmente, por carta aqueles cujos nomes constarem do memorial do engenheiro ou agrimensor. Os editais serão afixados em lugares públicos nas sedes dos municípios e distritos de paz, publicados 3 (três) vezes do Diário Oficial da União, do Estado ou Território, consoante seja o caso, ou na folha que lhe dar publicidade ao expediente, e 2 (duas) vezes, na imprensa local, onde houver (art. 23, §§ 1º a 3º);

- No dia, hora e lugar aprazados, o Procurador da Fazenda Pública, acompanhado do engenheiro ou agrimensor autor do memorial, do escrivão para isso designado pelo Chefe do órgão local da Secretaria do Patrimônio da União e dos servidores deste, que forem necessários, abrirá a diligência, dará por instalados os trabalhos e mandará fazer pelo escrivão a chamada dos interessados, procedendo-se a seguir ao recebimento, exame e conferência dos memoriais, requerimentos, informações, títulos e documentos apresentados pelos mesmos, bem como ao arrolamento das testemunhas informantes e indicação de 1 (um) ou 2 (dois) peritos que os citados porventura queiram eleger, por maioria de votos, para acompanhar e esclarecer o engenheiro ou agrimensor nos trabalhos topográficos. Com os documentos, pedidos e informações, deverão os interessados, sempre que lhes for possível e tanto quanto o for, prestar esclarecimentos, por escrito ou verbalmente, para serem reduzidos a termo pelo escrivão, acerca da origem e sequência de seus títulos ou posse, da localização, valor estimado e área certa ou aproximada das terras de que se julgarem legítimos senhores ou possuidores, de suas confrontações, dos nomes dos confrontantes, da natureza, qualidade, quantidades e valor das benfeitorias culturas e criações nelas existentes e o montante do imposto territorial porventura pago. As testemunhas oferecidas podem ser ouvidas desde logo e seus depoimentos tomados por escrito, como elementos instrutivos do direito dos interessados. A diligência se prolongará por tantos dias quantos necessários, lavrando-se diariamente auto do que se passar, com assinatura dos presentes. Ultimados os trabalhos desta diligência, serão designados dia e hora para a seguinte, ficando as partes, presentes e revéis, convocadas para ela sem mais intimação. Entre as duas diligências mediará intervalo de 30 (trinta) e 60 (sessenta) dias, durante o qual o Procurador da Fazenda Pública estudará os autos, habilitando-se a pronunciar sobre as alegações, documentos e direitos dos interessados (art. 24, §§1º a 5º);

- A segunda diligência instalar-se-á com as formalidades da primeira, tendo por objeto a audiência dos interessados de lado a lado, o acordo que entre eles se firmar sobre a propriedade e posses que forem reconhecidas, o registro dos que são excluídos do processo, por não haverem chegado a acordo ou serem revéis, e a designação do ponto de partida dos trabalhos topográficos; o que tudo se assentará em autos circunstanciados, com assinatura dos interessados presentes (art. 25);

- Em seguida o engenheiro ou agrimensor acompanhado de tantos auxiliares quantos necessários, procederá aos trabalhos geodésicos e topográficos de levantamento da planta geral das terras, sua situação quanto à divisão administrativa e judiciária do Estado, Distrito ou Território, sua discriminação, medição e demarcação, separando as da Fazenda Nacional das dos particulares. O levantamento técnico se fará com instrumentos de precisão, orientada a planta segundo o meridiano do lugar e determinada e declinação da agulha magnética. A planta deve ser tão minuciosa quanto possível, assinalando as correntes de água com seu valor mecânico, e conformação orográfica aproximativa dos terrenos, as construções existentes, os quinhões de cada um, com as respectivas áreas e situação na divisão administrativa e judiciária do Estado, Distrito ou Território, valos, cercas, muros, tapumes, limites ou marcos divisórios, vias de comunicação e por meio de convenções, as culturas, campos, matas, capoeiras, cerrados, caatingas e brejos. A planta será acompanhada de relatório que descreverá circunstanciadamente as indicações daquela, as propriedades culturais, mineralógicas, pastoris e industriais do solo a qualidade e quantidade das várias áreas de vegetação diversa, a distância dos povoados, pontos de embarque e vias de comunicação. Os peritos nomeados e as partes que quiserem poderão acompanhar os trabalhos topográficos. Se durante estes surgirem dúvidas que interrompam ou embaracem as operações, o engenheiro ou agrimensor as submeterá ao Chefe do órgão local da Secretaria do Patrimônio da União para que as resolva com a parte interessada, ouvindo os peritos e testemunhas, se preciso (art. 26) – *percebe-se a importância de profissionais, especialmente engenheiros ou técnicos com conhecimento/formação em agrimensura, uma vez que o processo de discriminação é eminentemente técnico e exige conhecimentos especializados. No caso de advogados que atuam perante a SPU, convém que busquem tais conhecimentos ou que estabeleçam parcerias com tais profissionais;*

- Tomar-se-á nos autos termo à parte para cada um dos interessados, assinado pelo representante do órgão local da SPU, contendo a descrição precisa, das linhas e marcos divisórios, culturas e outras especificações constantes da planta geral e relatório do engenheiro ou agrimensor (art. 27);

- Findos os trabalhos, de tudo se lavrará auto solene e circunstanciado, em que as partes de lado a lado reconheçam e aceitem, em todos os seus atos, dizeres e operações, a discriminação feita. O auto fará menção expressa de cada um dos termos a que alude o artigo antecedente e será assinado por todos os interessados, fazendo-o em nome da União, o Procurador da Fazenda Pública (art. 28);

- A discriminação administrativa ou amigável não confere direito algum contra terceiros, senão contra a União e aqueles que forem partes no feito (art. 29);

- É lícito ao interessado tirar na SPU, para seu título, instrumento de discriminação, em forma de carta de sentença, contendo o termo e auto solene a que aludem os arts. 27 e 28 do decreto em tela;

- Tal carta, assinada pelo Diretor da SPU, terá força orgânica de instrumento público e conterá todos os requisitos necessários, para transcrições e averbações nos Registros Públicos. Para a providência de que trata este artigo, subirão ao Diretor da SPU, em traslado todas as peças que interessem ao despacho do pedido, com o parecer do órgão local do mesmo Serviço.

Por fim, importante lembrar que os particulares não precisam pagar custas no processo discriminatório administrativo, salvo pelas diligências a seu exclusivo interesse e pela expedição das cartas de discriminação, para as quais as taxas serão as do Regimento de Custas.

1.2. Processo de Discriminação Judicial

O processo de discriminação dos terrenos de marinha, seus acrescidos ou outros bens patrimoniais da União pode sofrer questionamentos insuperáveis na via administrativa, razão pela qual devem seguir pela via judicial.

Dispõe o artigo 32 deste Decreto-Lei nº 9.760/1946 que contra aqueles que discordarem em qualquer termo, da instância administrativa, ou, por qualquer motivo, não entrarem em composição amigável, a União abrirá, por seu representante em Juízo, a instância judicial contenciosa.

A normativa em tela aduz que na petição inicial, a União requererá a citação dos proprietários, possuidores, confinantes e em geral de todos os interessados, para acompanharem o processo de discriminação até o final, exibindo seus títulos de propriedade ou prestando minuciosas informações sobre suas posses ou ocupações, ainda que sem títulos documentários (art. 33).

Outras regulações se seguem, as quais precisam ser observadas:

a) A citação inicial compreenderá todos os atos do processo discriminatório sendo de rigor a citação da mulher casada e do Ministério Público, quando houver menor interessado (art. 35);

b) A forma e os prazos de citação obedecerão ao que dispõe o Código do Processo Civil (art. 36);

c) Entregue em cartório o mandato de citação pessoal devidamente cumprido e findo o prazo da citação edital, terão os interessados o prazo comum de 30 (trinta) dias para as providências ao artigo seguinte (art. 37);

d) Com os títulos, documentos e informações, deverão os interessados oferecer esclarecimentos por escrito, tão minuciosos quanto possível, especialmente acerca da origem e sequência de seus títulos, posses e ocupação (art. 38);

e) Organizados os autos, o representante da União terá vista por 60 (sessenta) dias manifestar-se em memorial minucioso sobre os documentos, informações e pretensões dos interessados, bem como sobre o direito da União às terras que não forem do domínio particular, nos termos do artigo 5º do Decreto-lei nº 9.760/1946. O Juiz poderá prorrogar, mediante requerimento, o prazo de que trata este artigo no máximo por mais 60 (sessenta) dias (art. 39 e seu parágrafo único);

f) No memorial, depois de requerer a exclusão das áreas que houver reconhecido como do domínio particular, na forma do artigo antecedente, pedirá, a Procuradoria da República a discriminação das remanescentes como de domínio da União, indicando todos os elementos indispensáveis para esclarecimento da causa e, especialmente, os característicos das áreas que devam ser declaradas do mesmo domínio (art. 40);

g) No memorial pedir-se-á a produção das provas juntamente com as perícias necessárias à demonstração do alegado pela União (art. 41);

h) Devolvidos os autos a cartório, dar-se-á por edital, com prazo de 30 (trinta) dias, conhecimento das conclusões do memorial aos interessados, para que possam, querendo, concordar com as conclusões da Fazenda Nacional, e requerer a regularização de suas posses ou sanar quaisquer omissões que haja cometido na defesa de seus direitos (art.42);

i) Conclusos os autos, o Juiz tomando conhecimento do memorial da União excluirá as áreas por esta reconhecidas como do domínio particular e quanto ao pedido de discriminação das áreas restantes, nomeará para as operações discriminatórias o engenheiro ou agrimensor, 2 (dois) peritos da confiança dele Juiz e os suplentes daquele e destes. O engenheiro ou agrimensor e seu suplente, serão propostos pela S.P.U. dentre os servidores de que dispuser, ficando-lhe facultado o contratar auxiliares para os serviços de campo. Poderão as partes, por maioria de votos, indicar, ao Juiz, assistente técnico de sua confiança ao engenheiro ou agrimensor (art. 43, §§1ºe 2º);

j) Em seguida, terão as partes o prazo comum de 20 (vinte) dias para contestação, a contar da publicação do despacho a que se refere o artigo precedente, e que se fará no Diário Oficial da União, do Estado ou do Território, consoante seja o caso, ou na folha que lhe editar o expediente, bem como na imprensa local, se houver (art. 44);

k) Se nenhum interessado contestar o pedido, o Juiz julgará de plano procedente a ação. Havendo contestação, a causa tomará o curso ordinário e o Juiz proferirá o despacho saneador (art. 45 e seu parágrafo único);

l) No despacho saneador procederá o Juiz na forma do art. 294 do Código do Processo Civil (art. 46) – *Com o atual Código de Processo Civil de 2015, aplica-se o art. 357*;

m) Se não houver sido requerida prova alguma ou findo o prazo para sua produção, mandará o Juiz que se proceda à audiência da instrução e julgamento na forma do Código de Processo Civil (art. 47);

n) Proferida a sentença e dele intimados os interessados, iniciar-se-á, a despeito de qualquer recurso, o levantamento e demarcação do perímetro declarado devoluto, extremando-o das áreas declaradas particulares, contestes e incontestes; para o que requererá a Fazenda Nacional, ou qualquer dos interessados, designação de dia, hora e lugar para começo das operações técnicas da discriminação, notificadas as partes presentes ou representadas, o engenheiro ou agrimensor e os peritos. O recurso da sentença será o que determinar o Código do Processo Civil para decisões análogas. O recurso subirá ao Juízo *ad quem* nos autos suplementares, que se organizarão como no processo ordinário. Serão desde logo avaliadas, na forma do direito, as benfeitorias indenizáveis dos interessados que foram excluídos ou de terceiros, reconhecidos de boa-fé pela sentença (art. 48, §§1º a 3º);

o) Em seguida, o engenheiro ou agrimensor, acompanhado de seus auxiliares procederá aos trabalhos geodésicos e topográficos de levantamento da planta geral das terras, sua situação quanto à divisão administrativa e judiciária do Estado, Distrito ou Território, sua discriminação, medição e demarcação, separando-as das terras particulares. Na demarcação do perímetro devoluto atenderá o engenheiro ou agrimensor à sentença, títulos, posses, marcos, rumos, vestígios encontrados, fama da vizinhança, informações de testemunhas e antigos conhecedores do lugar e a outros elementos que coligir (art. 49 e seu parágrafo único);

p) A planta levantada com os requisitos do artigo antecedente, será instruída pelo engenheiro ou agrimensor com minucioso relatório ou memorial, donde conste necessariamente a descrição de todas as glebas devolutas abarcadas pelo perímetro geral. Para execução desses trabalhos o Juiz marcará prazo prorrogável a seu prudente arbítrio (art. 50);

q) A planta, que será autenticada pelo Juiz, engenheiro ou agrimensor e peritos, deverá ser tão minuciosa quanto possível, assinalando as correntes d'água, a conformação orográfica aproximativa dos terrenos, as construções existentes, os quinhões de cada um, com as respectivas áreas e situação na divisão administrativa e judiciária do Estado, Distrito ou Território, valos, cercas, muros, tapumes, limites ou marcos divisórios, vias de comunicação e, por meio de convenções, as culturas, campos, matas, capoeiras, cerrados, caatingas e brejos (art. 51);

r) O relatório ou memorial descreverá circunstanciadamente as indicações da planta, as propriedades culturais, mineralógicas, pastoris e industriais do solo, a qualidade e quantidade das várias áreas de vegetação diversa, a distância dos povoados, pontos de embarque e vias de comunicação (art. 52);

s) Se durante os trabalhos técnicos da discriminação surgirem dúvidas que reclamem a deliberação do Juiz, a esse as submeterá o engenheiro ou agrimensor a fim de que as resolva, ouvidos, se preciso, os peritos. O Juiz ouvirá os peritos, quando qualquer interessado alegar falta que deva ser corrigida (art. 53 e seu parágrafo único);

t) As plantas serão organizadas com observância das normas técnicas que lhes forem aplicáveis (art. 54);

u) À planta anexar-se-ão o relatório ou memorial descritivo e as cadernetas das operações de campo, autenticadas pelo engenheiro ou agrimensor (art. 55);

v) Concluídas as operações técnicas de discriminação, assinará o Juiz o prazo comum de 30 (trinta) dias aos interessados e outro igual à Fazenda Nacional, para sucessivamente falarem sobre o feito;

w) A seguir, subirão os autos à conclusão do Juiz para este homologar a discriminação e declarar judicialmente do domínio da União as terras devolutas apuradas no perímetro discriminado e incorporadas ao patrimônio dos particulares, respectivamente, as declaradas do domínio particular, ordenando antes as diligências ou retificações que lhe parecerem necessárias para sua sentença homologatória. Será meramente devolutivo, o recurso que couber contra a sentença homologatória (art. 57 e seus parágrafo único);

x) As custas do primeiro estádio da causa serão pagas pela parte vencida; as do estádio das operações executivas, topográficas e geodésicas, sê-lo-ão pela União e pelos particulares *pro-rata*, na proporção da área dos respectivos domínios (art. 58);

y) Constituirá atentado, que o Juiz coibirá, mediante simples monitório, o ato da parte que no decurso do processo, dilatar a área de seus domínios ou ocupações, assim como o do terceiro que se intruzar no imóvel em discriminação (art. 59);

z) As áreas disputadas pelos que houverem recorrido da sentença a que alude o art. 48, serão discriminadas com as demais, descritas no relatório ou memorial do engenheiro ou agrimensor e assinaladas na planta, em convenções específicas, a fim de que, julgados os recursos se atribuam à União ou aos particulares, conforme o caso, mediante simples juntada aos autos da decisão superior, despacho do Juiz mandando cumpri-la e anotação do engenheiro ou agrimensor na planta. Terão os recorrentes direito de continuar a intervir nos atos discriminatórios e deverão ser para eles intimados até decisão final dos respectivos recursos (art. 60 e seu parágrafo único).

1.2.1. Conceituação de Acrescidos de Marinha

O art. 3º do Decreto-Lei nº 9.760/1946 explica que terrenos acrescidos de marinha são os que se tiverem formado, natural ou artificialmente, para o lado do mar ou dos rios e lagoas, em seguimento aos terrenos de marinha.

1.3. Terrenos Marginais

O artigo 4º do Decreto-Lei nº 9.760/1946, conceitua terrenos marginais como aqueles que, banhados pelas correntes navegáveis, fora do alcance das marés, vão até a distância de 15 (quinze) metros, medidos horizontalmente para a parte da terra, contados desde a linha média das enchentes ordinárias. Neste sentido, difere-se dos terrenos de marinha em dois aspectos fundamentais: a) nos terrenos de marinha é imprescindível a presença de correntes navegáveis ou não navegáveis que estejam ao alcance das marés. Nos terrenos marginais, tal exigência não ocorre. Neste último caso, bastam que tais correntes sejam navegáveis e que estejam fora do alcance das marés.

1.4. Terras Devolutas

As terras devolutas também são patrimônio da União. Trata-se de instituto bastante antigo e que remonta ao Brasil Colônia. Em linhas gerais, trata-se de terras que nunca foram registradas como particulares, ou seja, são terrenos que pertenciam à coroa portuguesa e que por ocasião da independência do país, passaram a integrar o patrimônio nacional. Hoje, por força do já citado art. 20 da Constituição de 1988 são bens da União.

Dispõe o art. 5º do decreto em apreço que terras devolutas são aquelas que na faixa da fronteira, nos Territórios Federais e no Distrito Federal, não são próprias e nem foram aplicadas a algum uso público federal, estadual territorial ou municipal, e, por isso, não se incorporaram ao domínio privado, em razão das seguintes peculiaridades (art. 5º, alíneas *a* à *g*):

i) por força da Lei nº 601, de 18 de setembro de 1850, Decreto nº 1.318, de 30 de janeiro de 1854, e outras leis e decretos gerais, federais e estaduais;

ii) em virtude de alienação, concessão ou reconhecimento por parte da União ou dos Estados;

iii) em virtude de lei ou concessão emanada de governo estrangeiro e ratificada ou reconhecida, expressa ou implicitamente, pelo Brasil, em tratado ou convenção de limites;

iv) em virtude de sentença judicial com força de coisa julgada;

v) por se acharem em posse contínua e incontestada com justo título e boa-fé, por termo superior a 20 (vinte) anos;

vi) por se acharem em posse pacífica e ininterrupta, por 30 (trinta) anos, independentemente de justo título e boa-fé;

vii) por força de sentença declaratória proferida nos termos do art. 148 da Constituição Federal, de 10 de novembro de 1937.

A gestão desses espaços territoriais também é atribuição da Secretaria do Patrimônio da União, que precisa dedicar atenção especial às mesmas, uma vez que tais **áreas, no mínimo, servem à vocação de defesa da soberania nacional e defesa do meio ambiente ecologicamente equilibrado.**

2. Evolução Histórica dos Terrenos de Marinha

Os terrenos de marinha têm a sua origem no direito português, embora não fosse esse o termo utilizado na época. Segundo Fernanda Zivtsac e Maria Julia Boscolo tal instituto se baseia na ideia de enfiteuse e não há como deixar de citá-la, portanto, como parte da presente história. Enfiteuse é um tipo de arrendamento para enxerto ou implantação em prazo longo ou eterno. É instituto do Direito Civil e o mais amplo de todos os direitos reais, consiste na permissão dada ao proprietário de entregar a outrem todos os direitos sobre a coisa de tal forma que o terceiro que recebeu passe a ter o domínio útil da coisa mediante pagamento de uma pensão ou foro ao senhorio. O foreiro ou enfiteuta tem sobre a coisa alheia o direito de posse, uso, gozo e inclusive poderá alienar ou transmitir por herança, contudo com a eterna obrigação de pagar a pensão ao senhorio direto. A origem da enfiteuse remonta a Grécia antiga e foi utilizada em Roma como uma forma de colonização, se tornando modelo para coroa portuguesa[4].

4 ZIVTSAC, Fernanda; BOSCOLO, Maria Julia. **Terrenos de marinha.** Disponível em: <https://bibliotecavirtual.siqueiracastro.com.br/wp-content/uploads/08/Terrenos-da-Marinha.pdf>. Acesso em 10 de março de 2023.

O cerne da ideia é permitir ao enfiteuta (donatário, na realidade colonial portuguesa no Brasil) a utilização irrestrita do imóvel, mesmo que este não seja o seu proprietário direto. Com isso a coroa não perderia, jamais, o domínio de suas terras.

Com a chegada dos portugueses ao Brasil iniciou-se a implantação de Capitanias Hereditárias, o que permitiu a grande concentração de terras no controle de poucos. Os donos dessas capitanias tinham a obrigação de fazer arrendamentos e conceder cartas de Sesmaria, porção de terra doada com o intuito de desenvolvimento regional, marcando o começo da propriedade privada no país. Depois de extinto o sistema de Capitanias e instalado o Governo Geral no Brasil, passa-se a autorizar a transferência de Aforamento para a Enfiteuse, que é perpétua, em tese. Seu principal objetivo era estimular a produtividade agrícola e promover a fixação do homem em determinada região, buscando o progresso da nação, sem que fossem doadas tais terras. Posteriormente, é abolido o regime de aforamento, incentivando a colonização produtiva, com maior estabilidade e desprendimento. Suspendem-se também concessões de Sesmarias, o que favorece ocupações irregulares e invasões, devido ao crescimento da população. O território nacional é divido em províncias, estipulação presente na constituição de 1824. Em 1831 é baixada uma lei que dispõe sobre os terrenos de marinha, buscando assim um crescimento mais ordenado do país. Portugal estabeleceu, desde o período colonial, que os terrenos de marinha seriam de sua propriedade, para a defesa da terra e para uso de seu interesse. Com o passar do tempo, porém, passa a ter uma importância para a preservação ambiental[5].

2.1. Origem e Situação Atual do Regime de Enfiteuse

O instituto da enfiteuse está em regime de extinção no direito brasileiro, o que ocorre a partir da vigência do atual Código Civil de

5 ZIVTSAC, Fernanda; BOSCOLO, Maria Julia. **Terrenos de marinha.** Disponível em: <https://bibliotecavirtual.siqueiracastro.com.br/wp-content/uploads/08/Terrenos-da-Marinha.pdf>. Acesso em 10 de março de 2023.

2002. Como explica publicação do Colégio Notarial do Brasil, a enfiteuse era um direito real previsto no Código Civil de 1916 que consistia na existência de dois domínios: 1) domínio direto, que era do senhorio e lhe dava direito a receber rendas patrimoniais imobiliárias, chamadas foro e laudêmio; 2) domínio útil, que era dado aos particulares através de um título de aforamento, dando o direito de posse, uso, gozo e inclusive poderia alienar ou transmitir por herança o imóvel, contudo com a obrigação de pagar o foro anual ao senhorio direto e o laudêmio, se fosse vender a terceiros sem dar o direito de preferência. Porém, como todo o direito real, esse só se viabiliza com o registro imobiliário. Convém, no entanto, destacar que se aplica a legislação vigente ao tempo do ato registral (*tempus regit actum*). Ocorre que, segundo o artigo 2038, do Código Civil de 2002, o instituto do aforamento, também conhecido como enfiteuse ou emprazamento foi extinto, onde foi previsto nas disposições finais que não há mais a possibilidade de constituição de novas enfiteuses após a sua vigência, permanecendo as já existentes até a sua extinção, submetendo estas ao Código Civil de 1916[6].

O proprietário de um terreno considerado terreno de marinha, segundo a legislação vigente, não é, de fato o detentor do domínio pleno de tal imóvel, mas tão somente o detentor do domínio útil que recai sobre a referida propriedade. Isto porque tais imóveis, que podem estar em uso de particulares, são, em verdade propriedade da União. Por mais que você tenha comprado um imóvel construído em tal área, por exemplo, você não adquiriu a propriedade, mas apenas e tão somente o direito de uso de tal propriedade, uma vez que a verdadeira proprietária do referido imóvel é a União.

O instituto da enfiteuse teve uma relevante função para a regularização imobiliária e para o desenvolvimento das cidades durante

6 CYRINO, Rodrigo Reis. **A extinção da enfiteuse ou aforamento e a regularização dos imóveis como efetivação ao direito fundamental à moradia plena**. Disponível em: <http://www.notariado.org.br/blog/notarial/artigo-extincao-da-enfiteuse-ou-aforamento-e-regularizacao-dos-imoveis-como-efetivacao-ao-direito-fundamental-moradia-plena>. Acesso em 10 de março de 2023.

a época do Brasil Império, uma vez que permitiu a ocupação/utilização de terras inóspitas, não cultivadas e inexploradas, que eram entregues ao enfiteuta para dela cuidar e tirar todo o proveito. Ao foreiro estavam impostas duas obrigações: a) pagar ao senhorio uma prestação anual, certa e invariável denominada foro, canon ou pensão; e b) dar ao proprietário o direito de preferência, toda vez que for alienar a enfiteuse. Entretanto, com o objetivo de afastar a abusividade na cobrança dessas obrigações (foro e laudêmio) e até mesmo para evitar desvios das concessões desses títulos aos particulares, o que em tese teria perdido a razão de existir em razão do efetivo crescimento das cidades de um modo geral, o Código Civil de 2002, vigente a partir de 11/01/2003, proibiu não só sua cobrança como força a extinção do instituto nos termos do dispositivo a seguir: ***Art. 2.038.*** Fica proibida a constituição de enfiteuses e subenfiteuses, subordinando-se as existentes, até sua extinção, às disposições do Código Civil anterior, Lei nº 3.071, de 1º de janeiro de 1916, e leis posteriores[7].

3. Terrenos de Marinha e sua Relação com as Ciências

Os terrenos de marinha são bens da União estratégicos, tanto do ponto de vista militar, econômico e ambiental. São espaços de grande relevância ecológica, detentores da memória do povo brasileiro, especialmente nos processos de ocupação de nosso território. Basta lembrar que o território brasileiro se inicia no litoral, especialmente no litoral oriental. As primeiras vilas de nosso país surgiram nestas áreas, tendo evoluído para as principais cidades do país, muitas delas sendo hoje capitais de diversos Estados da federação.

7 CYRINO, Rodrigo Reis. **A extinção da enfiteuse ou aforamento e a regularização dos imóveis como efetivação ao direito fundamental à moradia plena**. Disponível em: <http://www.notariado.org.br/blog/notarial/artigo-extincao-da-enfiteuse-ou-aforamento-e-regularizacao-dos-imoveis-como-efetivacao-ao-direito-fundamental-moradia-plena>. Acesso em 10 de março de 2023.

3.1. GEOGRAFIA

A relação da temática com a ciência geográfica se deve ao fato de que a geografia é a ciência que estuda os processos interativos do homem com a natureza. Conhecer a geografia de um determinado local é fundamental para que se possam realizar intervenções viáveis do ponto de vista humano e sob o viés da sustentabilidade. A geografia dos espaços é fundamental a determinação de instalações humanas viáveis. As sociedades primitivas escolhiam áreas próximas a rios, riachos, por uma questão óbvia de oferta hídrica e/ou em terrenos mais elevados por questões militares (segurança). Seja qual for a necessidade, é fundamental conhecer bem a geografia e utilizá-la com inteligência e responsabilidade. O principal interesse no momento da instituição dos terrenos militares foi a defesa da soberania estatal – defesa do território contra invasores. Neste sentido, basta lembrar que as principais fortificações do país estavam instaladas no litoral, em áreas que hoje estão inseridas em terrenos de marinha. Com o passar dos anos o interesse militar permanece. No entanto, outros interesses ganham espaço e relevância, como é o caso dos aspectos ambientais.

3.2. CARTOGRAFIA

A cartografia é um ramo do conhecimento, ligado à ciência geográfica, responsável pela produção de documentos cartográficos, ou seja, mapas, cartas e outros documentos que tem o objetivo de mapear, com o máximo de detalhes possível, as características do ambiente natural, identificando acidentes geográficos, recursos ambientais dos mais diversos, tais como rios, riachos, lagos, lagoas, lagunas, bem como registrar cotas topográficas. Sua utilização é fundamental para que se possa realizar intervenções específicas, considerando limitações de uso impostas pela legislação aplicável, bem como sendo base para projetos e programas que utilizem, direta ou indiretamente recursos ambientais presentes no espaço considerado.

3.3. *História*

A história dos processos de ocupação dos espaços territoriais no Brasil é fundamental para a compreensão da origem de problemas urbanos que observamos hoje, como o desmatamento, o aterramento de mangues ou quaisquer outros impactos realizados à séculos. Ademais, a origem de institutos como os terrenos de marinha e seus acrescidos são importantes para a compreensão de sua dinâmica atual e de conceitos que ainda hoje são utilizados. Em síntese, não há como falarmos em terrenos de marinha sem voltarmos o nosso olhar ao passado.

3.4. *Engenharia*

A ciência da engenharia também é imprescindível para a definição das áreas que hoje são tidas como terrenos de marinha. Ademais, todas as intervenções humanas em nosso litoral são realizadas com o aval de estudos e técnicas de engenharia, fundamentais para um processo de ocupação responsável e, acima de tudo, sustentável. Vale ainda destacar que os cursos de geografias hoje existentes têm sua origem científica na engenharia civil. Nos primórdios do século passado confundia-se a ciência geográfica como a engenharia cartográfica. Somente após a segunda guerra mundial, por influência da "guerra fria" surge em âmbito mundial críticos à abordagem geográfica de então, os quais apresentavam uma nova concepção de mundo geográfica. Surgiu então a geografia crítica, com viés acentuadamente marxista. No entanto, a engenharia seguiu forte, destacando a sua presença em estudos técnicos dos mais variados, criando diversas subdivisões (engenharia civil, elétrica, da produção, de materiais, dentre várias outras).

3. 5. *Oceanografia*

A relação dos terrenos de marinha com a oceanografia também se faz presente. A oceanografia é a ciência que estuda os oceanos e as zonas costeiras, tanto sob os aspectos bióticos e abióticos, como também quanto aos processos naturais e sociais que atuam nestes ambientes considerando, portanto, atividades socioeconômicas e culturais. A Oceanografia é uma ciência interdisciplinar vinculada à área de Ciências Exatas e da Terra, com forte integração entre os conhecimentos biológicos, físicos, geológicos e químicos do meio marinho[8]. Desta forma, quaisquer intervenções humanas em áreas consideradas terrenos de marinha, tais como construções de estruturas físicas no mar (incluindo acrescidos de marinha) ou fora dele e que possa afetar correntes marítimas (mesmo que minimamente) e/ou a vida marinha de uma forma geral, devem levar em consideração a proposta de um verdadeiro desenvolvimento sustentável.

3. 6. Geomorfologia

A compreensão da geomorfologia da área onde estão inseridos os terrenos de marinha e seus acrescidos é muito importante para a correta gestão desses espaços. A geomorfologia é a ciência que estuda as formas de relevo, sua origem, evolução e características geológicas e geográficas. É conhecimento que serve ao planejamento urbano e ambiental e não pode, jamais, ser ignorado sob pena de elevar os riscos à vida humana e ao equilíbrio ecossistêmico, os quais podem subsistir diante de ações humanas irresponsáveis que aconteçam ao arrepio dos conhecimentos geomorfológicos.

3. 7. Hidrografia

A relação da hidrografia com os terrenos de marinha e/ou acrescidos de marinha ocorre na medida em que a dinâmica estuarina interfere nos limites para fixação desses bens da União. O conhecimento acerca do funcionamento de uma rede hidrográfica é condição estratégica para a gestão eficiente, tanto dos terrenos de marinha como dos terrenos marginais.

8 INSTITUTO OCEANOGRÁGICO UNIVERSIDADE DE SÃO PAULO. **Oceanografia.** Disponível em: <https://www.io.usp.br/index.php/graduacao/oceanografia.html>. Acesso em 10 de março de 2023.

3. 8. Direito

A relação da ciência jurídica com a gestão dos terrenos de marinha e demais bens da União é muito íntima, uma vez que à Administração só é lícito fazer/agir de acordo com o que determina a lei em sentido formal (princípio da legalidade) e eventuais regulamentos – que tem a finalidade precípua de dar fiel execução às leis. A lei é, portanto, a principal regra de agir do Estado. No entanto, convém recordar que o direito é uma ciência muito ampla, com conteúdo bastante extenso. As regulações que recaem diretamente sobre o assunto ora versado abrigam-se sob o manto do direito constitucional, do direito administrativo, do direito ambiental e do direito urbanístico, especialmente ao se tratar dos conteúdos abordados neste livro.

3. 8. 1. Direito Ambiental e Urbanístico

O direito ambiental e urbanístico tem relação com a presente temática, uma vez que os terrenos de marinha, seus acrescidos, além de outros bens patrimoniais da União, são estratégicos para a defesa ambiental através de processos de planejamento e gestão que valorizem os aspectos ecológicos do ambiente. Trata-se de interesse público, uma vez que valoriza a qualidade ambiental, fundamental para a fruição de princípios constitucionais, em especial o princípio da dignidade da pessoa humana, base para o estabelecimento de todos os direitos humanos. Basta lembrar que um dos objetivos dos terrenos de marinha é proteger o que ainda resta do ambiente litorâneo intacto, residual do processo de ocupação do território brasileiro. Além do aspecto ambiental, em seu viés natural, há ainda a relevância cultural da preservação dos processos de ocupação históricos do território brasileiro.

3. 8. 2. Direito Constitucional

A relação dos terrenos de marinha com o direito constitucional não é nova. Aliás, a origem, do instituto da enfiteuse se desdobra a partir do constitucionalismo histórico, que viabilizou a criação de toda uma infraestrutura para administração do patrimônio da União. Basta lembrar de nossos escritos acima, quando destacamos os fundamentos constitucionais dos terrenos de marinha, os quais não reproduzimos novamente para não sermos repetitivos e cansativos.

Há outro aspecto constitucionais a ser destacado: os terrenos de marinha, seus acrescidos, além dos terrenos marginais e as terras devolutas são estratégicos do ponto de vista da soberania nacional. Isto porque localizam-se, em sua maior parte, nos limites da jurisdição territorial nacional. Em caso de guerra ou outros conflitos internacionais, a utilização desses espaços constitui-se condição estratégica para mobilização de tropas ou estruturas militares.

3. 8. 3. Direito Administrativo

A partir da base constitucional acima descrita, cria-se toda uma estrutura administrativa indispensável para a gestão desses bens patrimoniais da União. Erige-se, portanto, a relevância do direito administrativo, uma vez que a partir de uma estrutura normativa própria procede-se a discriminação e gestão de todo o patrimônio da União. Basta lembrar que todo movimento de tutela e gestão patrimonial consolida-se através de atos administrativos produzidos a partir da movimentação em processos administrativos específicos.

4. O PROCESSO DE OCUPAÇÃO DO TERRITÓRIO BRASILEIRO

O território brasileiro constitui-se e consolida-se a partir de ocupações em seu litoral oriental. As primeiras caravelas e naus portuguesas atracaram em nosso litoral e a partir de então começaram a surgir os primeiros núcleos de concentração populacional. Por questões militares de defesa do território, o Estado português promoveu a construção de diversas fortificações ao longo do litoral oriental e setentrional de nosso país. A maior parte dessas fortificações ainda existem até hoje e são testemunhas dos processos conturbados de colonização do território brasileiro.

O intuito, neste livro, não é aprofundar-se nos aspectos históricos da ocupação do território brasileiro a partir do litoral, mas destacar a sua relevância para o fortalecimento de um Estado que viria a ser criado, como proporções continentais, como é o caso do Brasil.

Este processo de ocupação promoveu, naturalmente, impactos muito fortes no ambiente natural, transformando-o de modo que fosse possível a fixação humana naquele trecho do território nacional. A maior vítima deste processo foi o riquíssimo bioma da mata atlântica, que em muitas áreas foi totalmente suprimido.

As áreas remanescentes são, portanto, estratégicas para a recuperação do bioma afetado, sendo interesse do Estado brasileiro, que se anuncia como Estado de Direito Ambiental a realização de políticas públicas de restauração da qualidade ambiental. Neste sentido, os terrenos de marinha podem agir como fortes aliados, principalmente sobre as áreas de manguezais.

4. 1. Capitanias hereditárias

Como destaca Gustavo César Machado Cabral, o sistema de capitanias hereditárias existiu no Império português por mais de três séculos, compreendidos entre a doação da primeira capitania, a do Machico, na Madeira, em 1440, e a incorporação das últimas que ainda havia (Funchal, Porto Santo e o mesmo Machico, todas na ilha da Madeira), em 1770, no contexto de centralização do poder no reinado de Dom José I. A lógica fundamental de toda a problemática envolvendo este tema diz respeito à natureza dessas possessões ultramarinas – tratava-se de bens pertencentes à Coroa Portuguesa[9].

No Brasil, a história das capitanias hereditárias perdurou por mais de duzentos anos – desde a doação das chamadas capitanias ori-

9 CABRAL, Gustavo César Machado. **Os senhorios na América Portuguesa:** o sistema de capitanias hereditárias e a prática da jurisdição senhorial (séculos XVI a XVIII). Disponível em: <https://repositorio.ufc.br/bitstream/riufc/53385/1/2015_art_gcmcabral_senhorios.pdf>. Acesso em 12 de março de 2023.

ginárias, entre 1534 e 1536, até a incorporação definitiva dos últimos lotes, os das capitanias da Ilha Grande de Joanes, Ilhéus, Itamaracá e Itaparica, em 1754. Ao longo dos séculos em que o sistema existiu, Portugal atravessou significativas mudanças políticas e sociais, o que se constata quando se observa o marcos temporais do fenômeno aqui estudado: enquanto o início da colonização portuguesa foi marcado pela ausência Coroa e pela predominância de empreitadas privadas, o fim das capitanias esteve associado ao centralismo do período josefino e pombalino, quando já não havia sentido a persistência do regime senhorial numa área muito estratégica e de importância vital para a Coroa[10].

Como herança dessa estratégia de ocupação do território brasileiro, os terrenos de marinha se mantêm até os dias hoje, uma vez que a principal característica dos mesmos é permitir ao seu usuário que este detenha total liberdade para uso da propriedade, mesmo sabendo que detém apenas o domínio útil sobre o mesmo e não o domínio pleno daquele imóvel. Com isso a União garante o interesse do detentor da posse do imóvel e ao mesmo tempo não deixa de afirmar domínio pleno sobre este.

Pode-se afirmar, portanto, que a enfiteuse, que hoje apenas existe em regime de extinção é fruto da lógica das capitanias hereditárias.

4.2. *Primeiros Núcleos Urbanos*

Em face das considerações que fizemos em linhas passadas sobre o processo de ocupação territorial no Brasil, os primeiros núcleos urbanos que surgiram estão localizados na faixa litorânea, espaço onde estão presentes a maior parte dos bens da União previstos no art. 20 do Texto Constitucional de 1988, em especial os terrenos de marinha. Desta forma, em face das peculiaridades administrativas municipais,

---

10 CABRAL, Gustavo César Machado. **Os senhorios na América Portuguesa:** o sistema de capitanias hereditárias e a prática da jurisdição senhorial (séculos XVI a XVIII). Disponível em: <https://repositorio.ufc.br/bitstream/riufc/53385/1/2015_art_gcmcabral_senhorios.pdf>. Acesso em 12 de março de 2023

os terrenos de marinha estão sujeitos, tanto a disciplinas de âmbito federal, como de **âmbito municipal, hipótese em que podem recair as regras previstas em planos diretores municipais.**

Ainda sobre o processo de ocupação do espaço brasileiro Reiner Sousa recorda que os primeiros núcleos de ocupação urbana no Brasil se concentraram nas regiões litorâneas e que essa escolha visava facilitar o escoamento dos produtos e riquezas que eram exportadas para o Velho Mundo. Com o passar do tempo, graças à ação dos jesuítas e a descoberta de metais preciosos, notamos que outras cidades passaram também a se estabelecer pelo interior[11].

Tal fato ressalta ainda mais a importância de uma gestão compartilhada entre União e Municípios, especialmente em áreas com grande penetração de águas estuarinas, como ocorre em ilhas oceânicas como Florianópolis ou a ilha do Marajó, no Estado do Pará, a qual, pela sua geografia peculiar, torna quase que a totalidade de sua grande extensão em terreno de marinha, uma vez que mais parece um delta (gigante banco de areia) do que uma ilha com outra gênese.

5. ON GEADE 002 DA SPU

Trata-se de Orientação Normativa aprovada pela Portaria nº 162, de 21.09.2001, publicada no Boletim de Pessoal e Serviço, do Ministério do Planejamento, Orçamento e Gestão, nº 9.15, de 21.09.2001 e que se encontra em vigor até a presente data. Esta Orientação Normativa tem como principal objetivo estabelecer as diretrizes e os critérios para a demarcação de terrenos de marinha e seus acrescidos, naturais ou artificiais, por meio da determinação da posição da Linha de Preamar Média de 1831 – LPM e da Linha Limite dos Terrenos de Marinha – LTM. Tal regra se aplica à Secretaria do

11 SOUSA, Rainer. **Mundo Educação – As primeiras cidades**. Disponível em: <https://mundoeducacao.uol.com.br/historiadobrasil/as-primeiras-cidades.htm>. Acesso em 12 de março de 2023.

Patrimônio da União – SPU, Gerências Regionais de Patrimônio da União – GRPU e às entidades conveniadas ou contratadas pela SPU[12].

Os trâmites iniciais para identificação e demarcação dos terrenos de marinha deve ser os seguintes:

A) levantamentos de dados:

a) Tomando-se por base cartas topográficas do Sistema Cartográfico Nacional, ou na sua falta, documentos cartográficos de qualidade compatível com o objetivo proposto, deve-se:

> i) definir o trecho a ser demarcado com identificação da toponímia dos acidentes geográficos de início e final do trecho. Um trecho pode ser dividido em subtrechos também identificados por acidentes geográficos. Recomenda-se que uma determinada área urbana esteja inteiramente contida num trecho ou subtrecho;
>
> ii) descrever os trechos e subtrechos por intermédio dos nomes dos acidentes geográficos existentes na região, enseadas, baías, praias, pontas, ilhas, embocaduras de rios etc.;
>
> iii) estimar o comprimento do litoral e, se possível, da Linha de Preamar Média;
>
> iv) estimar a área de recobrimento aerofotogramétrico e de mapeamento.

Como se percebe, a ideia é reconstruir o cenário do ano de 1831, o que, frise-se, não é fácil, já que que a dinâmica estuarina e marítima oscila com grande frequência. Não influenciam apenas eventuais processos de degelo nas calotas polares, mas o próprio regime pluviomé-

12 BRASIL. SECRETARIA DO PATRIMÔNIO DA UNIÃO. **Orientação Normativa nº 002, de 12 de março de 2001**. Disponível em: <https://www.gov.br/economia/pt-br/assuntos/patrimonio-da-uniao/legislacao/arquivos-anteriores/orientacoes-normativas/orientacoes-normativas-arquivos-pdf/on_geade_02_terrenos_marinha.pdf>. Acesso em 12 de março de 2023.

trico, o que pode culminar em elevação da oferta hídrica no sistema, impactando os limites das linhas oceânicas.

Na fase de reconhecimento de campo a norma em tela dispõe que o trecho objeto da demarcação deve ser vistoriado, verificando-se:

1. se os nomes dos acidentes geográficos constantes na descrição dos trechos são perfeitamente identificados no local;
2. a largura da faixa a ser mapeada.

A presente regra dispõe ainda:

- Que na demarcação da LPM os trabalhos a serem terceirizados deverão reger-se pela legislação vigente;

- Que as normas técnicas aplicáveis aos levantamentos serão objeto de ON específica;

- Que os Terrenos de marinha são demarcados a partir da configuração do litoral no ano de 1831;

- Que na determinação da Linha de Preamar Média de 1831 – LPM e, da Linha Limite de Terrenos de Marinha – LTM, devem ser realizados os seguintes procedimentos:

• pesquisa em documentos antigos;
• determinação da cota básica;
• vistorias no terreno.

- Que os Terrenos de marinha são demarcados a partir da configuração do litoral no ano de 1831;

- Que devem ser utilizados os de autenticidade irrecusável, que remontem ao ano de 1831 ou à época mais próxima daquele ano e que indiquem a posição da orla marítima no ano de 1831 ou próximo a ele. A escolha de plantas e documentos antigos mencionados na forma do art. 11 do Decreto-Lei nº 9.760/46 deve recair preferencialmente sobre aqueles que apresentem pelo menos um dos seguintes requisitos técnicos:

• curvas de nível ou cotas de nivelamento;

- escala;
- pontos de identificação;
- configuração da orla marítima antiga;
- construções antigas;
- datas.

Em relação aos documentos cartográficos antigos, a norma em tela diz que devem ser comparados com os documentos cartográficos atuais, depois de identificadas as feições cartográficas comuns.

No que tange aos registros fotográficos, as fotos, gravuras e pinturas antigas devem ser comparadas com as fotos atuais, tiradas no mesmo ângulo do material antigo, permitindo uma melhor identificação de pontos comuns de modo a facilitar a interpretação da paisagem.

Em relação às fotos aéreas antigas, estas devem ser analisadas, comparando-as com as fotos atuais.

No que diz respeito aos materiais impressos devem ser pesquisadas publicações que abranjam estudos geográficos ou geológicos, que descrevam a paisagem, expliquem a formação do litoral e narrem fatos relacionados com a posição da rede hidrográfica e da orla marítima.

Tais documentos devem ser pesquisados preferencialmente nos seguintes órgãos:

- Instituto do Patrimônio Histórico e Artístico Nacional (IPHAN);
- Diretoria de Hidrografia e Navegação do Comando da Marinha (DHN);
- Mapoteca do Itamarati;
- Fundação Instituto Brasileiro de Geografia e Estatística (IBGE);
- Museus;
- Diretoria do Serviço Geográfico do Exército (DSG);
- Ministério da Defesa;
- Empresas de aerolevantamentos;

- Biblioteca Nacional;
- Bibliotecas regionais e locais;
- Associações culturais;
- Câmaras de vereadores;
- Prefeituras;
- Igrejas;
- Cartórios.

Tudo é importante em relação a tais investigações, inclusive a busca por depoimentos demoradores e/ou pescadores antigos, perfeitamente identificados. Todos esses dados e informações, depois de identificados, analisados, avaliados e vistoriados, deverão ser lançados na base cartográfica onde será traçada a LPM, guardando-se cópias ou referências para serem anexadas ao relatório final.

A cota da preamar média deve ser calculada utilizando-se os dados da estação maregráfica mais próxima constante das Tábuas de Marés, publicadas pela Diretoria de Hidrografia e Navegação do Comando da Marinha (DHN). A cota da preamar média é a média aritmética das máximas marés mensais, ocorrida no ano de 1831 ou no ano que mais se aproxime de 1831. A cota básica é obtida da cota de preamar média, reduzindo-a a mesma origem altimétrica do levantamento cartográfico (Datum Vertical).

Para o cálculo de redução das cotas devem ser utilizados os dados das RRNN de controle do marégrafo constantes na ficha maregráfica fornecida pela DHN, referente à estação utilizada. Para o cálculo da redução das cotas, as RRNN do marégrafo, devem estar referenciadas à rede fundamental. A equivalência entre as referências altimétricas do IBGE, DHN, Portobrás e outras porventura utilizadas deve ser representada graficamente (conforme modelo de Diagrama de Equivalência – ANEXO VII dessa Orientação Normativa). Na inviabilidade de transporte de altitudes do IBGE, admitir-se-á adoção de datum vertical local. Em locais abrigados, sem a influência da dinâmica das ondas, o valor da cota básica efetiva é o mesmo da cota básica.

Em locais onde, por ação da dinâmica das ondas, as águas atingirem nível superior ao da cota básica, adotar-se-á esse nível como quantificador da cota básica efetiva. A ação da dinâmica das ondas, deve ser determinada por observações de preamares cuja amplitude mais se aproxime do valor da máxima maré mensal, excluindo-se a influência de outros fatores que não sejam os gravitacionais. Na constatação da existência de acrescidos naturais ou artificiais (aterros) ocorridos após 1831, toma-se como linha básica para a demarcação da LPM a linha que coincidir com o alcance das ondas na maior maré mensal atual, feita a abstração dos referidos acrescidos.

Na constatação da existência de avanço dos mares ocorrido após 1831, tomar-se-á como linha básica para a demarcação da LPM a linha que coincidir com o batente das ondas, abstraindo-se os referidos avanços.

A norma continua com sua regulação criteriosa, traçando regramentos para vistorias no terreno, medição da oscilação das águas dos rios e dos lagos, por influência da maré, cálculo, desenho e confecção do memorial descritivo sintético da LPM e LTM, cálculo de comprimentos, perímetros e áreas, preenchimento do memorial descritivo sintético, especificações de traço e cor para desenho e especificações de arquivos magnéticos.

Por fim, segue-se o relatório final da demarcação. Os trabalhos demarcatórios da posição adotada para a Linha da Preamar Média de 1831, serão justificadas com a juntada ao processo da demarcação do Relatório Final contendo:

- a fundamentação legal;
- a descrição do trecho demarcado, identificando as coordenadas UTM ou geográficas dos pontos inicial e final e os acidentes geográficos da orla marítima, tais como enseadas, baías, praias, pontas, ilhas, embocaduras de rios etc.;
- evolução histórica, geológica ou geográfica, desde que fundamental para justificar o posicionamento da LPM;

- as plantas e documentos pesquisados e analisados, com a justificativa de sua utilização;
- cálculo da cota básica adotada e sua amarração à rede de apoio fundamental, anexando a documentação utilizada justificativa dos fatores que determinaram o posicionamento da LPM;
- relação das cartas topográficas utilizadas como base da demarcação da LPM, mediante indicação de sua nomenclatura e citação do local de seu arquivamento;
- memoriais descritivos sintéticos da LPM e LTM.

Tem-se, em seguida os Procedimentos Administrativos e Legais. Nesta fase, o Secretário do Patrimônio da União designará, por Portaria, 3 (três) servidores para formarem a Comissão de Demarcação, que será responsável pelos trabalhos de posicionamento da LPM, ainda que decorrentes de serviços terceirizados. A Comissão de Demarcação formará processo junto ao protocolo da Gerência Regional, contendo a portaria de designação, podendo utilizar-se de serviços terceirizados para o desenvolvimento das providências especificadas na presente Orientação Normativa. A comissão solicitará à Gerência Regional, a publicação do edital a que se refere o art. 11 do Decreto-Lei nº 9.760/46, (ANEXO IV), no Diário Oficial do Estado objeto da demarcação, com 3 (três) publicações, em intervalos não superiores a 10 (dez) dias. A Gerência Regional providenciará a afixação de cópia do edital a que se refere o art. 11 do Decreto-lei n.º 9.760/46 em suas dependências e na Repartição arrecadadora da Fazenda Nacional, na localidade de realização da atividade de demarcação, ou na sua inexistência, na repartição que abranja o Município em sua jurisdição administrativa. As provas de publicação e as solicitações de afixação de editais deverão ser anexadas ao processo. A Comissão de Demarcação deve analisar todas as contribuições recebidas para estudo, referentes ao edital do art. 11 do Decreto-lei n.º 9.760, de 1946.

Concluídos os trabalhos e anexado o relatório ao processo, o mesmo deve ser encaminhado à GEADE para exame. A revisão a ser efetuada pela GEADE verificará se foram atendidas todas as normas e preceitos estabelecidos nesta Orientação Normativa e na legislação em vigor. Promovida a revisão pela GEADE e considerado em ordem, o processo retornará à Gerência Regional de origem, para cumprimento do disposto no art. 13 do Decreto-Lei n.º 9.760, de 1946. O Gerente Regional aprovará, em despacho, conforme modelo (ANEXO VI), a Demarcação da LPM e LTM.

Determinada a posição da linha, deverá ser promovida a sua publicidade, mediante a publicação do edital do art. 13 do Decreto-lei n.º 9.760, de 1946 (ANEXO V), realizada uma vez no Diário Oficial do Estado objeto da demarcação, devendo a prova de publicação ser anexada ao processo, repetindo-se ainda a providência reportada no item 4.17.4 da Orientação Normativa em tela. Será considerada homologada a posição de linha, decorrido o prazo de dez dias sem qualquer impugnação.

Havendo impugnações, estas deverão ser minuciosamente apreciadas pela Gerência Regional. Mantida a posição da LPM, serão apresentados subsídios e justificativas que permitam a apreciação do recurso pelo Secretário do Patrimônio da União, ouvindo-se previamente, caso necessário, a GEADE. Reconhecida a procedência da impugnação, novo trabalho será realizado, repetindo-se o procedimento reportado no item 4.17.10 da presente Orientação Normativa. Sendo improcedente a impugnação, a GEADE devolverá o processo à Gerência Regional para dar ciência ao interessado da decisão. Da decisão proferida pelo Secretário do Patrimônio da União cabe recurso no prazo de vinte dias contados de sua ciência, dirigido ao Senhor Ministro de Estado do Planejamento, Orçamento e Gestão.

Concluídas todas as providências e esgotados todos os recursos cabíveis, quando interpostos, a Gerência Regional providenciará o registro da Demarcatória junto ao Cartório de Registro Geral de Imóveis.

Convém mais uma vez lembrar que a manutenção do Decreto-Lei nº 9.760/1946 como norma definidora dos terrenos de marinha e seus acrescidos torna a presente Orientação Normativa uma norma fundamental de definição dos limites, inicial e final desses bens da

União. Para tanto, como se percebeu, a reconstrução de uma realidade técnica que se foi, que repousa no passado é tarefa das mais difíceis. No entanto, apesar das dificuldades, esse iter se apresenta como essencial, uma vez que o seu desconhecimento pode permitir à União cobrar o que não lhe é devido, como por exemplo, a cobrança de preços públicos pela utilização de suposta área da União (terreno de marinha), que pode não ser terreno de marinha, uma vez que devido ao avanço do mar (que se observa em vários trechos do litoral brasileiro), os 33 (trinta e três) metros à contar da LPM de 1831 pode estar completamente inserido no interior do oceano e, portanto, aquela faixa de terra, identificada como terreno de marinha pela União não é, senão propriedade particular.

Conjecturas dessa natureza, claro, precisam ser confirmadas em estudos técnicos de engenheiros e agrimensores, seguindo-se aos passos descritos na Orientação Normativa em comento.

Capítulo IV

DEFINIÇÃO DE ÁREA URBANA E RURAL NO ÂMBITO DA SPU

O Patrimônio Imobiliário da União tem papel essencial na estratégia de desenvolvimento do país na medida em que provê o insumo fundamental - espaço físico - para assentamento das ações e projetos de interesse público. Esse patrimônio, descrito no art. 20 da Constituição Federal, pertence a todos os brasileiros e é administrado pela Secretaria do Patrimônio da União (SPU), ligada ao Ministério da Gestão e Inovação. Entre as competências da SPU incluem-se, entre outras, a incorporação e regularização do domínio dos bens; sua adequada destinação; além do controle e da fiscalização dos imóveis, conforme Constituição, Leis e Decretos. Entretanto, entre elas não está a de definir se uma área é urbana ou rural, para efeitos de cobrança de taxas, foro, laudêmio, como se demonstrará a seguir.

Importa, de logo, mencionar o teor da Lei nº 6.766/1979, em seu art. 53, prevê que "todas as alterações de uso do solo rural para fins urbanos dependerão de prévia audiência do Instituto Nacional de Colonização e Reforma Agrária - INCRA, do órgão Metropolitano, se houver, onde se localiza o Município, e da aprovação da Prefeitura municipal, ou do Distrito Federal quando for o caso, segundo as exigências da legislação permanente".

Em segundo lugar, se é o INCRA que detém competência, no âmbito da União, para aferir a natureza jurídica de um imóvel, quanto a vocação urbana ou rural, a competência prevalente para esta atribuição constitucional é dos Municípios, através do seu Plano Diretor de Desenvolvimento urbano. Fora disso, a declaração de área urbana ou rural sem ser via INCRA e lei municipal que institui o PDDU é ato inconstitucional, ilegal e abusivo, que causa prejuízo ao erário e deve ser objeto de responsabilização por quem deu causa. Isto porque, são claros os comandos dos artigos 30, inciso IX e 182 da CR/88.

Verifica-se, outrossim, do INCRA, o rito para a descaracterização para fins urbanos de imóveis cadastrados no SNCR é estabelecido pela Instrução Normativa nº 82/2015, art. 19 a 30 e, de acordo com o art. 20, deve ser feito requerimento de atualização cadastral, em virtude de descaracterização do imóvel para fins urbanos, pelo respectivo titular ou pelo Município de localização do imóvel, o que também não resta presente na hipótese dos autos.

Ademais, em caso de descaracterização da área total do imóvel, o INCRA envia notificação previa ao interessado, para que exerça o contraditório a ampla defesa, ao cartório de registro de imóveis e à prefeitura do município de localização da área, o que também não foi verificado na espécie. É vedado surpreender o titular do bem ou do uso e ocupação do mesmo, pena de ilegalidade e abuso de autoridade, além de violar princípios da administração, notadamente boa-fé, moralidade, publicidade, eficiência, legalidade e transparência, a ensejar, por quem viola, possível ato de improbidade administrativa.

Essa exigência, inclusive, é requisito pacífico, expresso e reconhecido pelo STJ:

> AgInt no RECURSO ESPECIAL Nº 1832117 - AM (2019/0242060-4) RELATOR: MINISTRO OG FERNANDES AGRAVANTE : MUNICÍPIO DE MANAUS PROCURADOR : DENIEL RODRIGO BENEVIDES DE QUEIROZ E OUTRO(S) - AM007391 AGRAVADO : MEMA PARTICIPAÇÕES E ADMINISTRAÇÃO LTDA ADVOGADOS : MÁRIO DA CRUZ GLÓRIA E OUTRO(S) - AM004013 ANDRÉ GUIMARÃES DA CRUZ - AM007549 BRUNO BARBOSA DOS REIS GLÓRIA - AM009432 DOUGLAS ALEIXO SANTOS DA CRUZ - AM009426 EMENTA TRIBUTÁRIO. AGRAVO INTERNO NO RECURSO ESPECIAL. PARCELAMENTO DO SOLO. ALTERAÇÃO DA QUALIFICAÇÃO DO IMÓVEL. AUSÊNCIA DE COMUNICAÇÃO AO INCRA E AO CONTRIBUINTE. MODIFICAÇÃO DO ENTENDIMENTO. INCIDÊNCIA DA SÚMULA 7/STJ. 1. O Tribunal de origem assentou que a

> municipalidade recorrente deixou de cumprir o quanto determinado pelo art. 53 da Lei n. 6.766/1979 e não comunicou ao contribuinte sobre a alteração da qualidade jurídica da área, que passou a ser urbana. 2. Alterar a conclusão a que chegou o Tribunal "a quo" implicaria o revolvimento do contexto fá2co-probatório dos autos, o que é vedado pela Súmula 7/STJ. 3. Agravo interno a que se nega provimento. "Diante de todo o exposto, em comprimento de todas as exigências legais e formais, recomenda-se a revisão da natureza do imóvel, que no que tudo indica, este, possui natureza rural, embasando-se nas documentações e atual legislação, e jurisprudência aqui expostos. Portanto, recomenda-se que seja adotado os valores de referência da taxa de foro de natureza RURAL para o imóvel, como também a nulidade de aplicações de valores/débitos referentes a anos posteriores da Lei nº 241/2008 e Decreto Municipal nº 398 de 2008 (referente ao PDDU das zonas de Cairu/BA), na qual o princípio da anterioridade tributária não se aplica, já que o imóvel apresentou nos autos atividade econômica de cunho rural desde o princípio de sua ocupação."

Vale ressaltar que o art. 182 da Constituição e a Lei Federal nº 10.257/01, autodenominada Estatuto da Cidade, determinam que seja o Município, via PDDU ou lei específica, que deve estabelecer as áreas urbanas, o que coaduna com a predominância do interesse e impacto local da matéria, ínsitos as competências cooperadas, comuns e concorrentes, dos art. 23, 24 e 30 da Constituição em matéria urbanística Dessa forma, cabe à lei municipal descrever o perímetro urbano, observados, no mérito e como meio de controle material de legalidade, os requisitos do § 1º, do art. 32 do CTN, que não é autoaplicável, consoante interpretação sistemática e conforme dada ao tema pela doutrina e pelos tribunais. A única exceção a esse critério geográfico é aquela prevista por decisão vinculante do STF, que conferiu ao Decreto-lei nº 57/1966, editado sob a vigência da ordem constitucional antecedente, o caráter de lei complementar restabelecendo a harmonia entre os entes federados, bem como, resolvendo a questão interna das Municipalidades que perderam a sua competência impositiva em relação a imóveis cultivados, situados nos perímetros urbanos dos Municípios.

Por esta razão, hoje é tranquila a jurisprudência do STJ quanto à competência da União para lançar o ITR sobre esses imóveis rurais ATÉ MESMO OS incrustados no perímetro urbano do Município, consoante se extrai, à guisa de exemplo, do teor dos Resp. nº 492.869, Resp. nº 738.628 e Resp. nº 1.112.646.

No âmbito da própria SPU, militam, em síntese, em favor desta correta tese: a) precedente do órgão central da SPU, na orientação contida na Nota Técnica da CGCAV nº 14125/2018-MP, na qual se lê que "III – Verificar junto ao plano diretor do município, se o imóvel em questão encontra-se em área denominada rural, fazendo o devido ajuste cadastral no SIAPA se necessário;" b) Despacho SPU/BA-NUCIP nº 7902180, nos quais prevaleceu a posição similar a ora sustentada, ao consignar que "2. A definição da natureza do imóvel nos sistemas corporativos da Secretaria do Patrimônio da União- SPU é binária, ou seja, só se pode classificar o imóvel com dois valores possíveis, sendo eles rurais ou urbanos. Sua definição é de competência municipal e é disposto no plano diretor ou plano de uso e ocupação do solo ou outro instrumento semelhante. Para a SPU, tal classificação impacta diretamente na cobrança de taxas patrimoniais diversas, quando se usa ou a Planta de Valores Genéricos – PVG (para imóveis urbanos) ou a Planilha de Preços Referenciais – PPR do Instituto Nacional de Colonização e Reforma Agrária – INCRA para a definição do valor do imóvel."

Ainda no sentido ora sustentado, há orientação da CJU/AGU, em situação análoga ao PARECER n. 00084/2020/NUCJUR/E-CJU/PATRIMÔNIO/CGU/AGU:

> "Diante de todo o exposto, em comprimento de todas as exigências legais e formais, recomenda-se a revisão da natureza do imóvel, que no que tudo indica, este, possui natureza rural, embasando-se nas documentações e atual

legislação, e jurisprudência aqui expostos. Portanto, recomenda-se que seja adotado os valores de referência da taxa de foro de natureza RURAL para o imóvel, como também a nulidade de aplicações de valores/débitos referentes a anos posteriores da Lei nº 241/2008 e Decreto Municipal nº 398 de 2008 (referente ao PDDU das zonas de Cairu/BA), na qual o princípio da anterioridade tributária não se aplica, já que o imóvel apresentou nos autos a2vidade econômica de cunho rural desde o princípio de sua ocupação." 17. Ademais, ainda em sede de precedentes, localiza-se, sobre o tema, o ofício nº 1091 (4155927) e o Despacho SPU/BA-NUCIP nº7902180, nos quais prevaleceu a posição similar a que pretende ver aplicada ao caso o interessado, ora recorrente, ao consignar que: "2. A definição da natureza do imóvel nos sistemas corporativos da Secretaria do Patrimônio da União- SPU é dada como binária, ou seja, só se pode classificar o imóvel com dois valores possíveis, sendo eles rurais ou urbanos. Sua definição é de competência municipal e é disposto no plano diretor ou plano de uso e ocupação do solo ou outro instrumento semelhante. Para a SPU, tal classificação impacta diretamente na cobrança de taxas patrimoniais diversas, quando se usa ou a Planta de Valores Genéricos – PVG (para imóveis urbanos) ou a Planilha de Preços Referenciais – PPR do Instituto Nacional de Colonização e Reforma Agrária – INCRA para a definição do valor do imóvel." (Grifos aditados)

Tem-se, ademais, a orientação trazida pela CGCAV na Nota Técnica nº 14125/2018-MP (doc. 6550852), quando da análise de um pedido de revisão de valor de um imóvel rural: "5.4 Assim sendo, à princípio entendemos como vinculante a alteração do valor de domínio pleno, caso o mesmo comprove-se como rural, devendo ser adotado o valor da terra nua fornecido pelo INCRA, no entanto, destaca-se que não raro, nossos sistemas corporativos, dentre eles o SIAPA, apresentam não conformidades cadastrais, na medida em que os dados cadastrados não são atualizados à luz da real situação dos imóveis. Isto posto, torna-se imperioso destacar que a denominação de "urbano ou rural" não será um dado absoluto e perene a ser informado pela SPU. Em verdade, quem define se tal região, área, trecho, etc., denomina-se como rural ou urbano é o poder municipal por meio de seu plano diretor, devendo a SPU acompanhar as transformações das cidades a atualizar devidamente em seus sistemas corporativos. (...) 6. Considerando a supracitada exposição, eis a orientação desta CGCAV: III – Verificar junto ao plano diretor do município, se o imóvel em questão encontra-se em área denominada rural, fazendo o devido ajuste cadastral no SIAPA se necessário."

Como sustentamos em nossa obra em coautoria com o procurador do Município de São Paulo e chefe da procuradoria de habitação e urbanismo, Prof. Dr. Alexandre Levin (HUMBERT, Georges Louis Hage; LEVIN, Alexandre. Curso de direito urbanístico e das cidades: incluindo novo marco do saneamento, estatuto das metrópoles, regularização fundiária, estatuto da cidade· 2. ed., atual., rev. e ampl. · Rio de Janeiro: GZ, 2021, p. 63):

> É que, considerando-se a determinação de competência própria para edição de normas de Direito Urbanístico, insculpida no art. 23, I da Constituição, bem como a existência do princípio vetorial do planejamento urbano – insertos no art. 182 da Constituição da República e no art. 2º do Estatuto da Cidade –, não se pode olvidar que a definição das áreas municipais em urbana e rural deve ser oriunda dos instrumentos e estudos determinados enquanto deveres ínsitos à materialização da política urbana, levando-se em consideração a vocação atual e futura de determinada área.
>
> Ademais, deve ser levada a efeito mediante edição de lei municipal, com destaque para o plano diretor, constitucionalmente obrigatório para os Municípios com mais de 20.000 habitantes, considerando-se o seu território como um todo,

> as peculiaridades de cada localidade e em face mesmo da eminente preponderância do interesse local nesta matéria, da própria competência constitucional que é conferida ao Município pelo art. 30 da Constituição, e do quanto prescreve o art. 40 e seguintes do Estatuto da Cidade.
>
> Numa sentença: a qualificação jurídica pertinente à propriedade urbana e rural é de suma importância, pois estabelece o regime jurídico ao qual estará submetida determinada propriedade e qual a política - se urbana ou rural - deve ser implementada em determinada área do Município, pelo que deverá, sempre, levar em consideração a vocação da área, suas reais necessidades, enfim, os seus fins precípuos, sem olvidar a ordenação planejada, melhor instrumento para compatibilizar a evolução e transformações inerentes à própria natureza do homem e seus reflexos no usar, gozar e dispor das propriedades."

Diante do exposto, não é o servidor da SPU, nem mesmo a AGU ou lei federal, muito menos um termo de conclusão de obra, um alvará ou uma certidão ou declaração que altera ou não a natureza jurídica do bem de rural para urbano, mas sim o quanto consta do Plano Diretor de Desenvolvimento Urbano Municipal, acompanhado ou não do devido processo legal de declaração situacional da área pelo Município e INCRA, respeitado o contraditório e a ampla defesa, sendo o Município, jamais a SPU ou outro órgão da União, o protagonista nesta delimitação, no comprovar, por lei, certidão, fiscalização ou cooperação com o INCRA, a natureza do bem, sem deixar de ser verificável a sua realidade concreta, inclusive mediante controle de legalidade, probidade e razoabilidade do ato do Poder Público Municipal, frente aos parâmetros do CTN, do Estatuto da Cidade e mesmo de prova técnica em contrário, sabendo-se, por óbvio, que os atos jurídicos, sejam públicos ou privados, se presumem verdadeiros, válidos, legítimos, legais e de boa-fé, a teor da LINDB e da Declaração de Liberdade Econômica, bem como da disciplina jurídica do Código Civil e do princípio basilar da Boa Fé Objetiva.

Decisão da SPU diversa desta viola a Constituição e a lei, além do princípio da igualdade, impessoalidade e a garantia da segurança jurídica, podendo gerar responsabilidade por abuso de autoridade, improbidade e dano ao erário por aquele que desrespeitar o PDDU Municipal ou alterar a natureza jurídica do imóvel sem o devido processo legal, a previsão em lei municipal e o ato cooperado do INCRA, gerando, inclusive, para o particular prejudicado o direito líquido de certo de reverter tal decisão junto ao Poder Judiciário, bem como ser ressarcido por eventuais perdas e danos, junto à União e seus Agentes Públicos.

Capítulo V

DEMARCAÇÃO DE TERRAS DE COMUNIDADES TRADICIONAIS:

Devido processo, proporcionalidade, razoabilidade e função social, econômica e ambiental da propriedade

O Patrimônio Imobiliário da União tem papel essencial na estratégia de desenvolvimento do país na medida em que provê o insumo fundamental – espaço físico – para assentamento das ações e projetos de interesse público. Esse patrimônio, descrito no art. 20 da Constituição Federal, pertence a todos os brasileiros e se submete a normas jurídicas de direito indisponível, além de estabelecer direitos e deveres para além dos meramente individuais e subjetivos, mas também objetivos, coletivos e difusos. Disto decorre que, também em regra, envolvem os atos jurídicos em debate atributos como o da indisponibilidade, impossibilidade de transação, a tutela processual coletiva, publicidade e sujeição a defesa pelas ações constitucionais como a Ação Popular, o Mandado de Injunção e a Ação Civil Pública, por exemplo.

Note-se que o regime jurídico específico dos bens públicos não prever a exclusão da incidência do dever de cumprimento da função social da propriedade, legalidade, devido processo legal, eficiência, razoabilidade, proporcionalidade, boa-fé, entre outros. Portanto, a propriedade pública submete-se à verificação da função social. Estes são os traços, os caracteres peculiares, enfim, o regime jurídico próprio que distinguem as propriedades de pessoas jurídicas de Direito Público daquelas que integram o patrimônio particular. Os bens de domínio da União apresentados pelos incisos III, IV, VI e VII do art. 20 da Constituição Federal de 1988 sob gestão da Secretaria de Coordenação e Governança do Patrimônio da União.

Independentemente de qualquer norma jurídica, o PROCESSO ADMINISTRATIVO DE DEMARCAÇÃO DE TERRA PARA COMUNIDADES

TRADICIONAIS, como em qualquer órgão, já possui a sua legalidade e legitimidade tuteladas em razão da noção de Administração Pública e dos princípios que a regem, notadamente a supremacia e a indisponibilidade do interesse público. Em razão desses princípios, o Poder Público goza do poder de polícia, que nada mais é do que, em razão do poder-dever de autoridade, ser-lhe atribuído uma série de deveres a cumprir, sendo dotado de prerrogativas de delimitar, condicionar, intervir e adentrar nos direitos individuais e coletivos para, em alguma medida, potencializar esses direitos, considerados coletivamente.

O Poder Público, assim, poderá agir nos atos particulares, não impedindo, mas condicionando e limitando, para permitir que seja sujeito o interesse individual ao interesse público. Em razão dos princípios da supremacia e da indisponibilidade do interesse público, há, portanto, que se falar no fundamento de validade do PROCESSO ADMINISTRATIVO DE DEMARCAÇÃO, por ser este o instrumento de atuação da administração e exercício da função pública, que permite o controle e fiscalização, por parte do Poder Público.

A atuação do INCRA, FUNDAÇÃO PALMARES, SPU, no âmbito da demarcação, como de todo poder público, se perfaz por um conjunto de procedimentos, de atos, de atribuições que deverão ser realizados pelo Poder Público para controlar e fiscalizar as atividades ou empreendimentos e mesmo o direito de propriedade sobre os bens da União. Para tanto, é convencionado na doutrina, jurisprudência e lei que, sempre que estamos diante de um conjunto de atos concatenados, tendentes à produção de um ato final que expeça a vontade última sobre tal matéria, estamos diante de processo, que pode ser particular (ex.: eleição de síndico de condomínio) ou público (judicial/administrativo).

A natureza da atuação dos servidores do INCRA, FUNDAÇÃO PALMARES E SPU, para a demarcação, portanto, é de processo administrativo e de instrumento da política nacional do meio ambiente (natureza dúplice). A importância desta classificação é transportar todos os princípios do Direito Administrativo/processo administrativo ao licenciamento ambiental (ex.: duração razoável, contraditério, ampla defesa, devido processo legal etc.). Então, na prática, a atuação destas entidades e órgão é por - ou tem natureza jurídica de - processo administrativo. O processo administrativo, qualquer que seja, pode se iniciar de ofício ou a requerimento da parte interessada. Formulado o requerimento, a Administração Pública não pode se recusar a recebê-lo (art. 6º, parágrafo único, da Lei nº 9.784, além do próprio direito constitucional de petição), tendo o dever de proferir uma decisão inicial, verificando se há as condições para a apreciação do requerimento, se é preciso complementar algum documento ou se há necessidade de conversão em diligência para o saneamento de qualquer outro vício identificado no pedido. Esta previsão, além de ser ínsita ao próprio contraditório e devido processo legal, encontra fundamento no art. 26 da Lei de Processo Administrativo (federal).

A Lei n° 9.784/99 regula o processo administrativo no âmbito da Administração Pública Federal, direta e indireta (art. 1°, caput). Mas, também se aplica ao Poder Judiciário e ao Poder Legislativo, no desempenho de função administrativa (§1°, art. 1°), ao Ministério Público e ao Tribunal de Contas.

Importante destacar que a Lei n° 9.784/99 não revogou as leis que regulam os processos administrativos específicos em âmbito federal, como reza o seu art. 69 . Assim, por exemplo, os artigos da Lei n° 8.112/90, que regulam o processo administrativo disciplinar (PAD), e o Decreto n° 70.235/72, que disciplina o processo administrativo fiscal, continuam a prevalecer em suas respectivas matérias.

O processo administrativo tem peculiaridades que o distingue do processo jurisdicional (também de aplicação da lei) e do processo legislativo (de elaboração da lei). Dentre elas estão os seus princípios, que lhes são próprios. A doutrina estabelece inúmeros princípios, mas os citados no art. 2° da Lei n° 9.784/99 são os seguintes: a) legalidade: obediência à lei e seus limites, também previsto no art. 37, caput, da CF/88; b) finalidade: correspondente ao princípio da impessoalidade, igualmente previsto no art. 37, caput, da CF/88; c) motivação: sem previsão expressa em texto constitucional, exceto quanto às decisões administrativas dos Tribunais, de acordo com o art. 93, X, da CF/88; d) razoabilidade: construção doutrinaria abraçada pela jurisprudência; e) proporcionalidade: correlato ao princípio da razoabilidade; f) moralidade: previsto no art. 37, caput, da CF/88; g) ampla defesa: previsto no art. 5°, LV, da CF/88; h) contraditório: também previsto no art. 5°, LV, da CF/88; i) segurança jurídica: princípio geral do direito sem previsão expressa no texto constitucional, mas o art. 5°, XXXVI, da CF/88, preconiza algumas de suas aplicações, tais como: direito adquirido, ato jurídico perfeito e coisa julgada, j) interesse público: supraprincípio do direito administrativo, sem previsão expressa em texto constitucional, k) eficiência: previsto no art. 37, caput, da CF/88.

A doutrina diverge quanto à descrição das fases do processo administrativo, mas, considerando-se a Lei n° 9.784/99, pode-se concluir que o processo administrativo tem cinco fases, são elas: 1) Instauração: o art. 5°, da Lei n° 9.784/99, estabelece que o processo administrativo pode ser instaurado (iniciado) a pedido de parte interessada ou de ofício pela própria Administração. Uma vez iniciado o processo, a Administração fica impedida de atuar sobre o mesmo assunto, interrompe-se o prazo prescricional e entra em atuação o princípio da oficialidade, segundo o qual a Administração deve impulsionar o processo, adotando todas as medidas necessárias à sua adequada instrução; 2) Instrução: momento no qual são colhidas todas as provas e demais elementos necessários ao julgamento do processo, sempre com a participação do interessado; 3) Defesa: em obediência aos princípios da ampla defesa e do contraditório, o interessado tem o direito de apresentar contestação e retorquir de todas as maneiras legais os argumentos ou provas que lhes são apresentados; 4) Relatório: peça informativa e opinativa que serve de subsídio à decisão final, sem efeito vinculante; 5) Julgamento: momento decisório, no qual consta a peça com resumo do processo, fundamentação (sem a qual não será válida a decisão) e dispositivo (parte que contém a decisão)

Produzida a decisão, notifica-se a parte interessada para que complete e cumpra as diligências ou apresente os demais elementos necessários para a instrução dos processos de licenciamento, iniciando a terceira fase (instrução), regulamentada pelos arts.29-43 da Lei de Processo Administrativo Federal.

A instrução é indispensável ao devido processo legal, contraditório e ampla defesa, pois é nela que se formarão as razões necessárias, com amplo direito de alegação por parte do interessado e do Poder Público quanto à viabilidade ou não do pedido formulado. A instrução deve, inclusive, ser realizada de ofício, ainda que sem requerimento da parte necessária, ao contrário do processo civil.

Na fase de instrução, deverá o interessado juntar os estudos, laudos técnicos e documentos necessários à comprovação da viabilidade da atividade ou requerimento. Outro aspecto da instrução é que a produção do laudo técnico pela Administração Pública é OBRIGATÓRIA. O art. 43 da Lei de Processo Administrativo prevê que, quando o órgão ambiental não produzir o laudo técnico, a autoridade competente para presidir pode solicitar de outros órgãos, inclusive, uma licitação/dispensa de licitação para contratar alguém de fora da Administração Pública, sem prejuízo do processo administrativo disciplinar.

A decisão final pode ser a negativa do pedido, o deferimento ou o deferimento condicionado, na forma de outorga, concessão, autorização, licença, entre outros instrumentos. De todo modo, sem respeitar tais premissas e procedimentos, o ato de demarcação de terras de comunidades tradicionais será viciado e anulável, por dever da própria administração de revisão e autotutela de seus atos ou pelo judiciário.

Um marco importante para a valorização da liberdade econômica no Brasil foi a publicação da Lei nº 13.874, de 20 de setembro de 2019, que ficou conhecida como lei da liberdade econômica. Esta lei dispõe em seu artigo 2º que são princípios da liberdade econômica, os quais devem nortear todas as disposições presentes em seu bojo: I - a liberdade como uma garantia no exercício de atividades econômicas; II - a boa-fé do particular perante o poder público; III - a intervenção subsidiária e excepcional do Estado sobre o exercício de atividades econômicas; e IV - o reconhecimento da vulnerabilidade do particular perante o Estado[1].

A intervenção do Estado no desenvolvimento de atividades econômicas deve acontecer de modo que se possa acompanhar, com eficiência, a instalação e operação das mesmas, especialmente no que diz respeito ao controle e fiscalização que possam evitar o surgimento de danos ambientais significativos. Sabe-se que as atividades econômicas, pela sua característica transformadora de elementos ambientais, apresentam sempre riscos de danos ao ambiente, podendo tais danos serem classificados como elevados, médios ou baixos, a depender do tipo de exploração.

Sendo assim, o Estado precisa estar atento às etapas de instalação e à operação do empreendimento, de modo que em suas ações de polícia administrativa possa identificar eventuais afastamentos em relação ao cumprimento da legislação ambiental.

O artigo 170 da Constituição de 1988 tem uma importância singular para o estabelecimento de uma ordem econômica sustentável. O país precisa de condições para o exercício das liberdades proclamadas ao longo de todo o seu texto constitucional. Qualquer empreendedor, em qualquer lugar do mundo, não apenas valoriza, mas depende de um fator chamado segurança jurídica. Tal segurança jurídica decorre de regulações claras, precisas e justas. Este último fator pode ser um tanto vago, pois justiça não é uma definição precisa, sendo, portanto, uma ideia relativa. No entanto, o status de justiça que todo empreendedor espera encontrar se traduz em uma ordem com regras clara, de modo que a segurança jurídica, ínsita às relações, seja uma realidade perceptível e robusta.

Flexibilidade, estabilidade e segurança jurídica são fatores que todos os investidores têm em mente e em seus quadros de análises sempre que precisam tomar decisões para a expansão de seus negó-

---

1 BRASIL. Lei federal nº 13.874, de 20 de setembro de 2019. Disponível em: <http://www.planalto.gov.br/ccivil_03/_ato2019-2022/2019/lei/L13874.htm>. Acesso em 17 de janeiro de 2022.

cios. Sendo assim, o Estado precisa oferecer, além de regras claras e estáveis, uma estrutura estatal que emane eficiência, transparência e boa-fé. Eis o "ecossistema" ideal para negócios sustentáveis. Existe um "mínimo existencial" a ser garantido em termos de regulações e estratégias de controle e fiscalização, os quais precisam ser protegidos contra proposições legislativas que visem esvaziar políticas, instrumentos e alguns status de proteção. Neste sentido, o Estado não pode, em nome de uma maior eficiência administrativa, abrir mão do exercício do seu poder de polícia, mas pode melhorar processos, trâmites, ampliar formas de acesso a sistemas eletrônicos, enfim, realizar uma atuação administrativa muito mais ágil, eficaz e produtiva. Com essas medidas, todos ganham, sociedade e empreendedores.

De acordo com o Índice de Liberdade Econômica (Index of Economic Freedom), o qual foi criado em 1995 através de uma parceria entre o The Wall Street Journal e o think tank norte-americano conhecido como Heritage Foundation e que avalia o grau de liberdade econômica de 186 países, o Brasil ocupa a posição de número 153, sendo classificado como Estado majoritariamente não-livre, com pontuação de 51,4 (de um máximo de 100 pontos). A pontuação é obtiva através de cálculos, os quais tomam como base, fatores tais como: a) Estado de Direito – que avalia os seguintes aspectos: Direitos de Propriedade, Integridade de Governo, Eficiência Judicial; b) Tamanho do governo – que avalia os seguintes aspectos: Gastos do Governo, Carga Tributária, Saúde Fiscal; c) Eficiência Regulatória – que avalia os seguintes aspectos: Liberdade Comercial, Liberdade de Trabalho, Liberdade Monetária; e d) Mercados Abertos – que avalia aspectos como: Liberdade de Comércio Exterior, Liberdade de Investimento, Liberdade Financeira.

Segundo entende o próprio governo federal do Brasil, a liberdade econômica é o direito que as pessoas possuem de desenvolver atividades econômicas, trabalhar, gerar reservas e investir sem muita interferência do Estado, aliviando o peso da burocracia sobre o empreendedor. Segundo essa compreensão, um cidadão pode colocar em prática uma ideia de empreendimento com total autonomia, criando não só uma atividade, mas também gerando empregos e contribuindo para o desenvolvimento econômico de um jeito mais rápido e simples.

A liberdade econômica para o desenvolvimento de quaisquer atividades é fundamental. No entanto, os empreendedores precisam ter a consciência de que precisam agir de forma responsável e que, portanto, precisam cumprir toda a legislação ambiental aplicável à sua atividade. O que não se pode admitir é que os órgãos ambientais estejam agindo com abuso de autoridade, constrangendo ou intimidando ilegalmente o empreendedor com ações fiscalizatórias desproporcionais ou sem embasamento.

Ainda mais com a lei que reforçou e detalhou a liberdade econômica, uma declaração que exorta ao estado democrático brasileiro a respeitá-la. Neste sentido, ensina Georges Humbert[2]:

> Em 20 de setembro de 2019 foi promulgada a Lei nº 13.874, denominada Lei de Liberdade Econômica, e com ela foi instituída a Declaração de Direitos de Liberdade Econômica. O novo marco regulatório do direito econômico brasileiro, fundamentado nos arts. 170, 174 e no art. 5º da Constituição, notadamente quanto ao direito individual fundamental da liberdade, estabelece normas de proteção à livre iniciativa e ao livre exercício de atividade econômica e disposições sobre a atuação do Estado como agente normativo e regulador. A lei incide sobre as mais diversas relações jurídicas, de direito público e privado. Em geral, o disposto nesta nova lei será observado na aplicação e na interpretação do direito civil, empresarial, econômico, urbanístico e do trabalho nas relações jurídicas que se encontrem no seu âmbito de aplicação e na ordenação pública,

2 HUMBERT, Georges Louis Hage. Lei da liberdade econômica, normas gerais e princípios: impactos na aplicação e interpretação no direito administrativo, urbanístico e ambiental. In: HUMBERT, Georges Louis Hage (Coord.). Lei de liberdade econômica e os seus impactos no Direito Administrativo. Belo Horizonte: Fórum, 2020. p. 63-70. ISBN 978-85-450-0756-2

> inclusive sobre exercício das profissões, comércio, juntas comerciais, registros públicos, trânsito, transporte e proteção ao meio ambiente.

E arremata:

> Ponto relevante, em matéria e processos de natureza jurídicoambiental é que a nova Lei dos Direitos de Liberdade Econômica inverte uma lógica até então dominante, da interpretação e aplicação da norma e das restrições em favor da administração pública. Isso porque, a partir de agora, passa a vigorar a presunção de boa-fé em favor do empreendedor, cujos atos, agora, tal qual ao do próprio Poder Público, gozarão de presunção de legitimidade e de veracidade, cabendo ao servidor público que duvidar de sua higidez e validade provar o que alega. Some-se a isso o fato de que o particular passa a ser considerado a parte vulnerável da relação, o que implica que as questões complexas, onerosas e os embaraços criados pela própria fiscalização ambiental precisam ser relativizados, arcados e corrigidos pela própria administração, salvo prova de que o empreendedor não é hipossuficiente no caso concreto, tudo nos termos do art. 2º da Lei nº 13.874/2019. Trata-se de um giro de segurança e potencialização dos atos de empreendedorismo no âmbito dos processos públicos de liberação a licença, a autorização, a concessão, a inscrição, a permissão, o alvará, o cadastro, o credenciamento, o estudo, o plano, o registro e os demais atos exigidos, sob qualquer denominação, por órgão ou entidade da administração pública na aplicação de legislação, como condição para o exercício de atividade econômica, inclusive o início, a continuação e o fim para a instalação, a construção, a operação, a produção, o funcionamento, o uso, o exercício ou a realização, no âmbito público ou privado, de atividade, serviço, estabelecimento, profissão, instalação, operação, produto, equi-

> pamento, veículo, edificação e outros, consoante inclusive expressa determinação do §6º do art. 1º.

Neste sentido, importante lembrar que o art. 3º da Lei nº 13.874, de 20 de setembro de 2019 dispõe que são direitos de toda pessoa, natural ou jurídica, essenciais para o desenvolvimento e o crescimento econômicos do país, observado o disposto no parágrafo único do art. 170 da Constituição Federal, que merece uma análise detida.

Cumpre, neste momento, trazer, ponto a ponto, os reflexos, uma análise tópica mesmo, das inovações e delimitações jurídicas da lei de liberdade econômica para a administração pública ordenadora. Não se admite abusos, usurpação de competências, atropelos ao devido processo legal, ao contraditório e à ampla defesa, às prerrogativas dos advogados e outros direitos e garantias fundamentais democráticas, ínsitos ao cidadão e aos fundamentos de um estado de direito, base mesmo da dignidade da pessoa humana.

Neste contexto, surgem alterações no campo legislativo nacional, notadamente ao ensejo da Lei de Introdução às Normas do Direito Brasileiro (LINDB), da Lei da Declaração da Liberdade Econômica (LDDLE), da Lei de Abuso de Autoridade (LAA) e da Reforma da Lei de Improbidade Administrativa (LAI).

Isto posto, não é demasiado trazer à baila, mais uma lição de Georges Humbert[3] sobre o tema, pois complementar ao quanto asseverado supra:

> Além das normas gerais analisadas supra, há também algumas determinações que incidem em caráter mais específico e concreto. Uma delas é que as propostas de edição e de alteração de atos normativos de interesse geral de

3 HUMBERT, Georges Louis Hage. Lei da liberdade econômica, normas gerais e princípios: impactos na aplicação e interpretação no direito administrativo, urbanístico e ambiental. In: HUMBERT, Georges Louis Hage (Coord.). Lei de liberdade econômica e os seus impactos no Direito Administrativo. Belo Horizonte: Fórum, 2020. p. 63-70. ISBN 978-85-450-0756-2

> agentes econômicos ou de usuários dos serviços prestados, editadas por órgão ou entidade da administração pública federal, incluídas as autarquias e as fundações públicas, serão 68 GEORGES LOUIS HAGE HUMBERT (COORD.) LEI DE LIBERDADE ECONÔMICA E OS SEUS IMPACTOS NO DIREITO ADMINISTRATIVO precedidas da realização de análise de impacto regulatório, que conterá informações e dados sobre os possíveis efeitos do ato normativo para verificar a razoabilidade do seu impacto econômico. Verifica-se, assim, a potencialização dos princípios da eficiência e do planejamento em matéria de intervenção e ordenação do Estado nas atividades econômicas, além do devido processo legal, no seu aspecto substantivo da razoabilidade e proporcionalidade das medidas estatais. Assim sendo, tudo deve ser precificado, quantificado e justificado para ser exigido. Não mais se admite requisitos e pleitos do estado ante o administrador tirado de achismos, senso comum ou desmedidos. Os mesmos devem ser necessários, adequados e na medida exata do que se pretende mensurar e tutelar a partir da sua apresentação.

Pelo exposto e de uma detida análise da nova lei de liberdade e da LINDB, verifica-se, destas e outras regulamentações, que se trata de norma que em nenhuma medida reduz a proteção ao interesse público, urbanístico e ambiental, mas vai ao encontro dos direitos fundamentais de liberdade, segurança e aos princípios da ordem econômica, da administração pública, notadamente o da eficiência, como também aos da tutela dos princípios da administração pública, do direito ao meio ambiente ecologicamente equilibrado, e das funções sociais da cidade4 e da propriedade urbana,5 especialmente no que tange a promoção da sustentabilidade, valor jurídico que somente alcança a sua máxima potência quando o desenvolvimento econômico, o progresso social e a preservação dos ecossistemas caminham de mãos dadas, como é o que se pretende com a Declaração de Direitos da Liberdade Econômica, que veio tarde, mas em boa hora.

No campo da Lindb (DECRETO-LEI Nº 4.657), diversas são as consequências, postas a partir do art. 20. Primeiro que acusador e julgador não podem mais produzir atos com base em valores jurídicos abstratos, isto é, sem que sejam consideradas as consequências práticas da decisão, com justificativa para a necessidade e a adequação da medida imposta ou da invalidação de ato, contrato, ajuste, processo ou norma administrativa, nem mesmo podem olvidar de indicar, de modo expresso, suas consequências jurídicas, administrativas, o que inclui as econômicas, ambientais, sociais, financeiras e outras aderentes. Ademais, na interpretação de normas sobre gestão pública, serão considerados os obstáculos e as dificuldades reais do gestor e as exigências das políticas públicas a seu cargo, sem prejuízo o dos direitos dos administrados.

Caso esta e outras condições de controle, de acusadores e julgadores, não forem respeitadas, poderá se configurar o dever pessoal do agente público (seja ele magistrado, procurador, promotor, defensor, controlador), de compensação por benefícios indevidos ou prejuízos anormais ou injustos resultantes do processo ou da conduta dos envolvidos, desde que demonstrados o dolo ou erro grosseiro.

Noutro passo, quanto à LDDLE (Lei Nº 13.874/19), fica determinado a presunção de boa-fé nos atos praticados no exercício da atividade econômica, para os quais as dúvidas de interpretação do direito civil, empresarial, econômico e urbanístico serão resolvidas de forma a preservar a autonomia privada, exceto se houver expressa disposição legal em contrário. Assim sendo, não se pode exercer controles, acusar e condenar sem sólidos elementos de prova da má-fé ou culpa grave, pena de responsabilização civil, penal e administrativa do agente público infrator.

Por sua vez, as duas normas citadas se complementam e encontram as possíveis consequências ao ensejo da LAA (Lei Nº 13.869). Esta, valendo de uma antiga e útil classificação de Kelsen, seria uma norma, há um só tempo, primária, isto é que estipulam sanções diante de uma possível ilicitude, e também secundária, ou seja, das que prescrevem a conduta lícita. Neste contexto, desobedecer a LINDB e a LDDE pode configurar o crime de abuso de autoridade, assim como existem crimes de abuso de autoridade já diretamente postos pela LAA, crimes estes cometidos por agente público, servidor ou não, que, no exercício de suas funções ou a pretexto de exercê-las, abuse do poder que lhe tenha sido atribuído.

Destacam-se, aqui, o crime de requisitar instauração ou instaurar procedimento investigatório de infração penal ou administrativa, em desfavor de alguém, à falta de qualquer indício da prática de crime, de ilícito funcional ou de infração administrativa, bem como o crime de divulgar gravação ou trecho de gravação sem relação com a prova que se pretenda produzir, expondo a intimidade ou a vida privada ou ferindo a honra ou a imagem do investigado ou acusado, sendo que este último continua impune e deve ser levado a efeito contra o acusador e julgador, mas, sobretudo, sobre quem divulga, travestido de difusor de notícias de interesse público e de arauto da liberdade de imprensa.

Finalmente, tem-se a Lia (LEI Nº 8.429/92), recentemente alterada para, alterar as redações do art. 3° e 9°, entre outros, e se conformar aos direitos individuais e humanos fundamentais dos acusados e controlados. Esta estabilizou aquilo que a jurisprudência e melhor doutrina já sedimentavam: não há improbidade sem conduta (ação ou omissão) dolosa, isto é, com intenção de lesar a administração pública e obter vantagem ilícita, pois, por óbvio, ninguém é desonesto sem querer ser, por mera negligência, imprudência, imperícia ou erro. Portanto, o acusador, julgador, controlador que imputar improbidade sem prova do dolo, estará ele agindo ilicitamente, podendo ser responsabilizado civil, penal e criminalmente, inclusive por abuso de autoridade.

Pelo exposto, forçoso concluir que a Lei de Introdução às Normas do Direito Brasileiro (LINDB), da Lei da Declaração da Liberdade Econômica (LDDLE), da Lei de Abuso de Autoridade (LAA) e da Reforma da Lei de Improbidade Administrativa (LAI) refletem, substancialmente, na forma, meio e conteúdo de responsabilização dos agentes acusadores e julgadores, sejam eles políticos ou servidores, e de quaisquer dos três poderes. De mais a mais, são normas que, ao contrário do que tem sido veiculado por parte da opinião pública e jurídica, estão conforme a ordem constitucional e as garantias do acusado, formando um microssistema de responsabilização não somente destes, mas também em face de quem acusa, julga e controla, que não podem exercer suas funções abusivamente, com base em meros achismos, suposições e convicções e fora de limites constitucionais e legais, como outrora. Desta forma, o combate das mazelas da corrupção e crimes correlatos será mais efetivo, eficiente, democrático, justo, válido e, porquê não, responsável.

Portanto, além da incidência de todo regime jurídico do direito administrativo, do direito de propriedade, pública e privada, o dever de incidência da LINDB e da Lei de Liberdade Econômica, além da proporcionalidade e razoabilidade nos atos de demarcação, bem como da função social, econômica e ambiental da propriedade. Não se pode, no mérito, admitir a criação de um latifúndio de comunidade tradicional, para atender a um pequeno número de beneficiários, baseado em meros apontamentos e autodeclarações dos interessados, sem que haja um estudo técnico que demonstre que aquele tamanho, localização e atributos (econômicos, sociais e ambientais) da propriedade são proporcionais, razoáveis, necessários, adequados e úteis a finalidade do caso concreto, pena de inconstitucionalidade e ilegalidade, bem como de, na prática, deixar de cumprir as diversas funções da propriedade, gerando pobreza, violência, dano ambiental, grilagem, todo tipo de exploração e invasão criminosa, em detrimento dos antigos e legítimos proprietários, bem como da comunidade supostamente beneficiada.

MODELO DE AÇÃO QUE VISA DESCONSTITUIR COBRANÇAS DE TAXAS PELA UTILIZAÇÃO DE TERRENO DE MARINHA

EXCELENTÍSSIMO SENHOR DOUTOR JUIZ FEDERAL TITULAR DE UMA DAS VARAS DA JUSTIÇA FEDERAL, SEÇÃO JUDICIÁRIA DO ESTADO DO RIO GRANDE DO NORTE.

NONONONONONONNONONONONONONONONO, brasileiro, casado, empresário, inscrito no CPF/MF sob o n.º NONONONONONONON, portador da cédula de identidade de n.º NONONONONONO – SSP/RN, residente e domiciliado na Rua das NONONONONNON, n.º NONONONO, NONONON, Natal-RN, vem perante Vossa Excelência, através de seus advogados, devidamente habilitados e ao final signatários, com endereço abaixo indicado, propor a presente

AÇÃO ORDINÁRIA
COM PEDIDO DE TUTELA ANTECIPADA

em face da **UNIÃO FEDERAL – FAZENDA NACIONAL**, pessoa jurídica de direito público interno, com endereço para citação sede na rua XXXXXXXXXXXXXXXXXXXXXXXXX, nesta capital, o que faz com base nos fatos e fundamentos jurídicos a seguir delineados.

I. DO OBJETO DA PRESENTE AÇÃO

Pretende-se, com a presente ação, o reconhecimento da inexigibilidade da denominada "Taxa de Ocupação" que vem sendo cobrada por parte da União Federal sobre imóvel de propriedade do autor.

II. SÍNTESE DOS FATOS

O autor é proprietário do imóvel situado na rua NONONONONNOO, S/N, bairro de NONONONO, nesta capital, conforme Escritura Pública e demais documentos anexos.

Sobre o imóvel em comento vem sendo cobrada a denominada "Taxa de Ocupação" por parte da Secretaria do Patrimônio da União (SPU) do Estado do Rio Grande do Norte, sob o argumento de que a referida propriedade está classificada como Terreno de Marinha.

A classificação acima, para fins da cobrança ora impugnada, foi promovida pela Delegacia do Patrimônio da União no Estado do Rio Grande do Norte quando da instauração do processo administrativo nº NONONONONONONNONONO, (Registro Imobiliário Patrimonial – RIP NONONONONONONO) de NONO de NONONONONO de 1994.

Ocorre, entretanto, que o mencionado processo administrativo foi realizado sem a necessária observância nos termos de nossa Constituição Federal e da legislação vigente.

Vejamos.

III. OS FUNDAMENTOS JURÍDICOS DA PRESENTE DEMANDA.

III. 1. DA CLASSIFICAÇÃO DOS TERRENOS DE MARINHA.

Os Terrenos de Marinha foram classificados pelo Decreto-Lei n° 9.760, de 15 de setembro de 1946, como sendo aqueles em profundidade de 33 (trinta e três) metros, medidos horizontalmente, em relação à terra, tomando como marco referencial a posição da linha preamar média (LPM) de 1831 (art. 2º).

Sobre a matéria, Maria Sylvia Zanella di Pietro já observou o seguinte:

> *"Terrenos de Marinha são os que, banhados pelas águas do mar ou dos rios navegáveis, vão até a distância de 15 (quinze) braças craveiras (33 metros), para a parte da terra, con-*

tadas desde o ponto em que chega o preamar médio de 1831 (art. 13 do Código de Águas)."

Os terrenos de marinha e seus acrescidos são de propriedade da União, por expressa disposição constitucional (art. 20, II da C.F.), possuindo a natureza de bens públicos dominicais (Novo Código Civil, art. 99, inciso III), uma vez que podem ser objeto de exploração por parte do poder público, para obtenção de renda (Código Civil, art. 104).

Desta feita, não se pode confundir com as praias, que também são bens públicos da União, porém de uso comum do povo, conforme magistério de Celso Antônio Bandeira de Melo.

Ressalte-se que a determinação dos terrenos de marinha deve ser feita com base em estudos, através de levantamentos de dados, que possam aproximar ao máximo a realidade da maré no ano de 1831, para que, a partir da identificação da LPM (Linha Preamar Média), se possa iniciar a contagem dos 33 (trinta e três) metros para o interior do continente.

Paulo Affonso Leme Machado já asseverou que a zona costeira é "patrimônio nacional", e "sua utilização far-se-á na forma da lei, dentro das condições que assegurem a preservação do meio ambiente, inclusive quanto ao uso dos recursos naturais"(art. 225, §4°, da CF).

De outra forma, a utilização dos terrenos de marinha prescinde sempre de autorização federal, para que o particular promova qualquer edificação.

Visando constatar se o imóvel em questão estaria ou não classificado como sendo Terreno de Marinha, o autor contratou os serviços de um agrimensor, profissional habilitado para a realização do estudo técnico de demarcação da LPM de 1831, obedecendo às disposições da ON GEADE n° 002 da SPU.

Foi através deste procedimento que o autor constatou que o seu imóvel está fora dos 33 (trinta e três) metros que caracterizam os

Terrenos de Marinha, conforme se observa do croqui, do perfil da linha e do memorial descritivo em anexo.

Desta forma, o imóvel não está sujeito à cobrança da referida "taxa de ocupação".

O estudo acima mencionado, registre-se, foi realizado no dia XXXXXXXXXXXXXXXXXXX, às 15:54 horas.

No momento de observação da maré, a "tábua das marés" indicava 0,90 m de lâmina d'água acima do nível de referência, denominado "NR".

O Nível médio – LPM foi medido a partir da referência dada pelo nível de referência – NR, do Departamento de Hidrografia da Marinha – DHM, representando, aproximadamente, a metade da distância da cota básica.

Por sua vez, a cota básica efetiva é a definidora do nível que orienta a demarcação do limite preamar médio – "LPM", conforme dispõe o item 4.8.3 da ON GEADE n° 002.

De outra sorte, segundo a sistemática descrita, é de se concluir que o imóvel da parte autora não se encontra dentro do limite de 33 (trinta e três) metros da LPM, não sendo, portanto, terreno de marinha.

Assim, não estando em área de marinha, inexigível é a referida e ora impugnada "taxa de ocupação".

III. 2. DA AUSÊNCIA DE CONTRADITÓRIO E AMPLA DEFESA NO PROCESSO ADMINITRATIVO DE CLASSIFICAÇÃO DO TERRENO.

É de se acrescentar que o processo administrativo que levou à classificação das áreas de marinha contém vícios que devem ser apreciados para garantir a defesa dos direitos do autor.

Referido processo administrativo, como visto sucintamente acima, não concedeu a oportunidade aos proprietários de áreas afetadas pelos interesses da União de acompanharem e fiscalizarem a realização do estudo que concluiu a situação dos respectivos imóveis.

Ademais, não puderam os mesmos nem sequer impugnar as conclusões e classificações do órgão da Administração Federal.

Deste modo, a Secretaria do Patrimônio da União violou, no caso presente, garantias constitucionais que são irrestringíveis.

São elas, *in casu*, o direito ao devido processo legal, ao contraditório e à ampla defesa, que, aliás, constituem princípios basilares do processo, administrativo e/ou judicial, a teor do que prescreve o art.5°, inciso LV, da Constituição Federal:

> *"**Art.5 º**. (...)*
>
> ***LV** – aos litigantes, em processo judicial ou administrativo, e aos acusados em geral são assegurados o **contraditório e a ampla defesa, com os meios e recursos a ela inerentes**." (grifos nossos).*

Não se concedeu ao autor, portanto, a necessária oportunidade de manifestação, que levaria à discussão dos métodos equivocados utilizados pela União Federal.

Não se discute que o direito à ampla defesa e ao contraditório são regras determinantes de qualquer processo, conforme já preceituou José Frederico Marques, citado por Cleide Previtali Cais , *expressis verbis*:

> *"A Administração prescinde do Judiciário quando pretenda impor uma situação determinada aos administrados; mas prescindir não pode do respeito ao due process of law, se for atingir a fazenda ou a liberdade quando exercita seu poder de autotutela do bem público."*

No caso presente, não se pode admitir a exigibilidade das ora impugnadas "taxas de ocupação", cobradas com base em processo nulo de pleno direito.

Ao autor, portanto, deveria haver sido concedido o direito de discutir, no processo administrativo, a situação de seu imóvel, antes de ser compelido a pagar pela citada "taxa".

A propósito, é neste sentido que vem se manifestando o Poder Judiciário em casos símiles. Confira-se:

> *"**DIREITO DE PROPRIEDADE. PRETENSÃO DA UNIÃO DE AFIRMAR SER TERRENO DE MARINHA BEM REGISTRADO COMO PARTICULAR.** Não pode o poder público, apenas através de procedimento administrativo demarcatório, considerar que o imóvel regularmente registrado como aloidal, e há muito negociado como livre e desembaraçado, seja imediatamente havido como terreno de marinha, com a cobrança da chamada "taxa de ocupação". O devido processo legal, para o caso, uma vez existindo discordância do proprietário aparente, exigindo discordância do proprietário aparente, exige a via judiciária, de modo a resguardar os direitos do beneficiário da presunção de veracidade do registro, até contra terceiros, diante da potencial evicção. Inteligência dos artigos 9º e seguintes do Decreto-lei 9.760 e seu cotejo com o art. 5º, LIV, da Lei Maior. Recurso e remessa desprovidos." (AMS n. º 23425 **(Processo n. º 9802374725/ES) - TRF - 2ª Região - 2ª T. Rel. Juiz Guilherme Couto. Decisão em 14/08/2001. DJ 28/08/2001)**"*

> *"**ADMINISTRATIVO. TERRENO E MARINHA. TAXA DE OCUPAÇÃO. PROPRIEDADE REGISTERADA COMO PARTICULAR. DEVIDO PROCESSO LEGAL. (...)** No caso em exame, a convocação dos antigos proprietários para oferecerem impugnação à demanda da Linha Preamar Média (LPM), feita por editais, de forma genérica, fere o princípio constitucional do devido processo legal, eis que não assegura, como deveria, o direito ao contraditório e a ampla defesa. Recurso improvido." **(AMS n. º 30141 - Processo de origem n. º 199902010603053/ES. TRF - 2ª Região. 2ª***

T. Rel. Juiz Espírito Santo. Julgado em 21/05/2001. DJ 19/06/2001)

*"**CONSTITUCIONAL - TRIBUTÁRIO - TERRENOS DE MARINHA - TAXA DE OCUPAÇÃO** – I. Não há in casu regular processo de demarcação de terrenos de marinha, pois padece de nulidade absoluta o referido na informação da autoridade impetrada, sendo o mesmo destituído de eficácia para compelir quem quer que seja ao pagamento da taxa de ocupação, visto que a própria autoridade admite, implicitamente, que não foi dada a oportunidade de defesa aos ocupantes das áreas demarcadas ou ocupadas de forma irregular, em desconformidade aos ditames da legislação (Decreto-lei nº 9760/46). **II. Recurso e remessa necessária improvidos." (TRF 2ª R. - AMS 97.02.28669-7 - ES - 5ª T. - Rel. Des. Fed. Chalu Barbosa - DJU 12.03.2001)***

*"**CONSTITUCIONAL E ADMINISTRATIVO - TAXA DE OCUPAÇÃO - IMÓVEL REGISTRADO NO RGI - TÍTULO DE PROPRIEDADE PLENA** - I. Sentença (...) IV. Sem regular procedimento administrativo, com obediência às regras do Decreto-lei Lei. 760/46 (arts. 9º a 14), não é possível ter-se como de marinha o terreno sobre o qual se situa o imóvel dos impetrantes; V. A Lei dos Registros Públicos, nº 6.015/73, exige decisão com trânsito em julgado para que se cancele registro imobiliário; VI. Inexigível in casu taxa de ocupação sobre os imóveis do impetrante; VII. Apelação e remessa necessária improvidas." **(TRF 2ª R. - AMS 2001.02.01.010026-0 - ES - 1ª T. - Rel. Juiz Ney Fonseca - DJU 24.01.2002)***

Espera-se que o entendimento neste caso seja o mesmo dos julgados acima, mormente em face dos argumentos já delineados.

III. 3. DO CERCEAMENTO DE DEFESA DO AUTOR.

Necessário asseverar, ainda, o cerceamento de defesa no caso presente, o que vem apenas a reiterar os argumentos acima.

Vejamos.

O art. 11 do Decreto-Lei nº 9.760, de 05 de setembro de 1946, estabelece como modalidade de comunicação da demarcação dos terrenos de marinha aos interessados o convite pessoal ou o convite por edital, para que os interessados, querendo, possam apresentar plantas, documentos, ou estudos, que venham a contestar a demarcação instituída pelo Serviço do Patrimônio da União nos Estados.

A ordem legal de notificação da parte autora para se defender no processo administrativo não foi respeitada.

O art. 12 da citada norma dispõe que o edital deveria ser afixado na repartição arrecadadora da Fazenda Nacional na localidade, e publicado por 03 (três) vezes, com intervalos não superiores a 10 (dez) dias, no Diário Oficial dos Estados.

Verifica-se uma redução da capacidade de apresentação de defesa, pois o dito "interessado" não tem, e nem poderia ter a obrigação de acompanhar as publicações no Diário Oficial de coisas gerais, nem muito menos freqüentar a sede da repartição arrecadadora da Fazenda Nacional local sem qualquer justificação, para verificar os murais da mesma, onde poderia constar, ou não, editais de seu interesse.

Ora.

Em razão dos fatos aludidos anteriormente, percebe-se que houve, de forma indubitável, cerceamento da defesa do autor.

Aliás, já se manifestou neste sentido a jurisprudência:

> ***"ADMINISTRATIVO - TERRENO DE MARINHA - TAXA DE OCUPAÇÃO - PROPRIEDADE REGISTRADA COMO PARTICULAR - DEVIDO PROCESSO LEGAL*** *- Sabe-se que*

> *os títulos de propriedade, segundo a dicção do art. 198 do Decreto-Lei nº 9760/46, servem de prova perante terceiros, mas não perante à união. (...) Entretanto, há de ser realçada a maneira pela qual a união, através de seu órgão competente, vem realizando o procedimento de inscrição dos imóveis como sendo terrenos de marinha. No caso em exame, a convocação dos antigos proprietários para oferecerem impugnação à demarcação da linha preamar média (lpm), feita por editais, de forma genérica, fere o princípio constitucional do devido processo legal, eis que não assegura, como deveria, o direito ao contraditório e a ampla defesa. Recurso improvido." **(TRF 2ª R. - AMS . 1999.02.01.060305-3 - ES - 2ª T. - Rel. Juiz Espirito Santo - DJU 19.06.2001)**.*

Como se não bastasse tais fatos, compulsando-se os autos do processo administrativo em comento, não se torna possível identificar se a publicação (através de edital) a que se reporta a norma em tela ocorreu, pois não há nenhuma certidão de publicação nos mesmos.

III. 4. DOS VÍCIOS NA METODOLOGIA DE MAPEAMENTO.

Visando obter esclarecimentos acerca da metodologia utilizada pela Delegacia do Patrimônio da União (DPU) na demarcação dos denominados terrenos de marinha, foi encaminhado ofício à Administração Federal, especificamente ao órgão responsável pela demarcação de terras, para que o mesmo apresentasse, no prazo legal, a metodologia aqui questionada.

Entretanto, no dia 27 de março de 2003, em resposta à solicitação de esclarecimentos, o Gerente Regional do Patrimônio da União encaminhou a carta de nº 038 GRPU/RN, em que se relata que para a determinação dos terrenos de marinha é necessário observar os parâmetros descritos na Orientação Normativa seguinte: ON-GEADE 002 de 12-03-2001 e 003 de 04-06-2002.

Registre-se que são as Orientações Normativas que determinam os critérios para a demarcação dos terrenos de marinha e, como exemplo destes critérios, pode-se citar a forma de determinação da cota básica (item 4.8), a forma de vistorias no terreno (item 4.9), os cálculos, desenhos e confecção do memorial descritivo sintético da LPM e LTM (item 4.11), enfim, todo o procedimento técnico correto a ser seguido para a delimitação destes bens públicos dominicais.

Outro ponto importante é que quando foi promovida a apresentação do estudo e reconhecimento prévio da área descriminada como sendo terreno de marinha, através de croqui, tal levantamento não constou de assinatura da lavra de engenheiro ou agrimensor, com exercício no órgão local do S.P.U., como determina o art. 22 do Decreto-Lei nº 9.760/46.

Observa-se, portanto, que da assinatura do profissional VALFREDO P. VIEIRA não é possível identificar se este se trata de profissional habilitado para a elaboração do levantamento cartográfico. Ao contrário, sequer restou consignado o registro profissional do qual faz parte, apresentando tão somente o número do seu CPF.

Oportuno indicar, também, que o § 1° do art. 26 do Decreto-Lei nº 9.760/46 prescreve que o levantamento técnico deve ser feito com instrumentos de precisão, orientada a planta segundo o meridiano do lugar e determinada a declinação da agulha magnética.

Como se não bastasse, o § 2° ainda dispõe que a planta deverá ser tão minuciosa quanto possível, o que não ocorre na presente situação.

Mais ainda, *mister* se faz vislumbrar o descumprimento do que dispõe o art. 28 do mesmo decreto supra mencionado, em que prescreve a necessidade de, findos os trabalhos, lavrar ato solene e circunstanciado, em que as partes de lado a lado a reconheçam e aceitem, em todos os seus atos, dizeres e operações, a discriminação feita.

Ressalte-se que não foi este o método empregado para a realização do levantamento técnico em tela.

Vejamos, a propósito, o que dispõe os arts. 23 a 28 do já mencionado Decreto-Lei nº 9.769/46, verbis:

*"**Art. 23.** Com o memorial e documentos que porventura o instruírem, o Procurador da Fazenda Pública iniciará o processo, convocando os interessados para em dia, hora e lugar indicados com prazo antecedente não menor de 60 (sessenta) dias se instalarem os trabalhos de discriminação e apresentarem as partes seus títulos documentos e informações que lhe possam interessar.*

§ 1º O processo discriminatório correrá na sede da situação da área discriminada ou de sua maior parte;

§ 2º A convocação ou citação será feita aos proprietários, possuidores, confinantes, a todos os interessados em geral, inclusive as mulheres casadas, por editais, e, além disso, cautelarmente, por carta aqueles cujos nomes constarem do memorial do engenheiro ou agrimensor.

§ 3º Os editais serão afixado em lugares públicos nas sedes dos municípios e distritos de paz, publicados 3 (três) vezes do Diário Oficial da União, do Estado ou Território, consoante seja o caso, ou na folha que lhe dar publicidade ao expediente, e 2 (duas) vezes, na imprensa local, onde houver.

***Art. 24.** No dia, hora e lugar aprazados, o Procurador da Fazenda Pública, acompanhado do engenheiro ou agrimensor autor do memorial, do escrivão para isso designado pelo Chefe do órgão local do S.P.U., e dos servidores deste, que forem necessários, abrirá a diligência, dará por instalados os trabalhos e mandará fazer pelo escrivão a chamada dos interessados, procedendo-se a seguir ao recebimento, exame e conferência dos memoriais, requerimentos, informações, títulos e documentos apresentados pelos mesmos, bem como ao arrolamento das testemunhas informantes e indicação de 1 (um) ou 2 (dois) peritos que os citados porventura queiram eleger, por maioria de votos, para acompanhar e esclarecer o engenheiro ou agrimensor nos trabalhos topográficos.*

§ 1º Com os documentos, pedidos e informações, deverão os interessados, sempre que lhes for possível e tanto quan-

to o for prestar esclarecimentos, por escrito ou verbalmente, para serem reduzidos a termo pelo escrivão, acerca da origem e seqüência de seus títulos ou posse, da localização, valor estimado e área certa ou aproximada das terras de que se julgarem legítimos senhores ou possuidores, de suas confrontações, dos nomes dos confrontantes, da natureza, qualidade, quantidades e valor das benfeitorias culturas e criações nelas existentes e o montante do imposto territorial porventura pago.

§ 2º As testemunhas oferecidas podem ser ouvidas desde logo e seus depoimentos tomados por escrito, como elementos instrutivos do direito dos interessados.

§ 3º A diligência se prolongará por tantos dias quantos necessários, lavrando-se diariamente auto do que se passa, com assinatura dos presentes.

§ 4º Ultimados os trabalhos desta diligência, serão designados dia e hora para a seguinte, ficando as partes, presentes e revéis, convocadas para ela sem mais intimação.

§ 5º Entre as duas diligências mediará intervalo de 30 (trinta) e 60 (sessenta) dias, durante o qual o Procurador da Fazenda Pública estudará os autos, habilitando-se a pronunciar sobre as alegações, documentos e direitos dos interessados.

***Art. 25.** A segunda diligência instalar-se-á com as formalidades da primeira, tendo por objeto a audiência dos interessados de lado a lado, o acordo que entre eles se firmar sobre a propriedade e posses que forem reconhecidas, o registro dos que são excluídos do processo, por não haverem chegado a acordo ou serem revéis, e a designação do ponto de partida dos trabalhos topográficos; o que tudo se assentará em autos circunstanciados, com assinatura dos interessados presentes.*

***Art. 26.** Em seguida o engenheiro ou agrimensor acompanhado de tantos auxiliares quantos necessários, procederá* *aos trabalhos geodésicos e topográficos de levantamento da planta geral das terras, sua situação quanto à divisão administrativa e judiciária do Estado, Distrito ou Território, sua discriminação, medição e demarcação, separando as da Fazenda Nacional das dos particulares.*

§ 1º O levantamento técnico se fará com instrumentos de precisão, orientada a planta segundo o meridiano do lugar e determinada e declinação da agulha magnética.

§ 2º A planta deve ser tão minuciosa quanto possível, assinalando as correntes de água com seu valor mecânico, e conformação orográfica aproximativa dos terrenos, as construções existentes, os quinhões de cada um, com as respectivas áreas e situação na divisão administrativa e judiciária do Estado, Distrito ou Território, valos, cercas, muros, tapumes, limites ou marcos divisórios, vias de comunicação e por meio de convenções, as culturas, campos, matas, capoeiras, cerrados, caatingas e brejos.

§ 3º A planta será acompanhada de relatório que descreverá circunstanciadamente as indicações daquela, as propriedades culturais, mineralógicas, pastoris e industriais do solo a qualidade e quantidade das várias áreas de vegetação diversa, a distância dos povoados, pontos de embarque e vias de comunicação.

§ 4º Os peritos nomeados e as partes que quiserem poderão acompanhar os trabalhos topográficos.

§ 5º Se durante estes surgirem dúvidas que interrompam ou embaracem as operações, o engenheiro ou agrimensor as submeterá ao Chefe do órgão local do S. P. U. para que as resolva com a parte interessada, ouvindo os peritos e testemunhas, se preciso.

***Art. 27.** Tomar-se-á nos autos termo à parte para cada um dos interessados, assinado pelo representante do órgão local do S. P. U., contendo a descrição precisa, das linhas e marcos divisórios, culturas e outras especificações constantes da planta geral e relatório do engenheiro ou agrimensor.*

> ***Art. 28.*** *Findos os trabalhos, de tudo se lavrará auto solene e circunstanciado, em que as partes de lado a lado reconheçam e aceitem, em todos os seus atos, dizeres e operações, a discriminação feita. O auto fará menção expressa de cada um dos têrmos a que alude o artigo antecedente e será assinado por todos os interessados, fazendo-o em nome da União, o Procurador da Fazenda Pública."*

III. 5. DA PRESCRIÇÃO DOS CRÉDITOS COBRADOS PELA UNIÃO

Vem a União, conforme exposto acima, cobrando do autor as impugnadas "taxas de ocupação", nos termos da documentação constante dos presentes autos.

Ocorre, no entanto, que os supostos créditos da parte ré já não poderiam mais ser buscados pela ocorrência do fenômeno da prescrição.

O art. 47 da Lei nº 9.636/98, alterado pela Lei nº 9.821/99, estabelece o prazo de 05 (cinco) anos para a constituição, mediante lançamento, de créditos originados de receitas patrimoniais, e o prazo prescricional de 05 (cinco) anos para a exigência dos débitos relativos à "taxa de ocupação dos terrenos de marinha".

Desta forma, ainda que fosse devido o pagamento da referida "taxa de ocupação", não teria mais, a União, o direito de exigir judicialmente o cumprimento das obrigações relativas ao objeto da presente lide no que se refere aos exercícios financeiros dos anos de xxxx e xxxx

Os valores correspondentes àqueles anos, portanto, são, apenas por este aspecto, inexigíveis.

IV. ILEGALIDADE E INCONSTITUCIONALIDADE DA TAXA SELIC

Passados todos os elementos acima, infere-se que para a consolidação do crédito cobrado contra o autor, utilizou-se a União Federal da famigerada Taxa Referencial do Sistema Especial de Liquidação e Custódia – Taxa Selic.

Inicialmente, é de se registrar que o SISTEMA ESPECIAL DE LIQUIDAÇÃO E DE CUSTÓDIA - SELIC - foi criado em 14 de novembro de 1979 com o fim de "dar mais segurança, agilidade e transparência aos negócios efetuados com títulos".

O referido sistema, assim como a CETIP - CENTRAL DE CUSTÓDIA E LIQUIDAÇÃO FINANCEIRA DE TÍTULOS -, foi instituído com o escopo de garantir ao Governo Federal o registro e custódia dos créditos securitizados da União.

Enquanto a CETIP passou a se reportar aos títulos da dívida agrária federal e dos certificados do tesouro, a SELIC o fez com relação às letras do Tesouro Nacional, tanto para servir como sistema de custódia aos papéis, como para substituí-los por dados digitais.

Constituiu, pois, uma inovação na sistemática de controle diário da custódia, liquidação e operação de títulos públicos por meio de equipamentos modernos à época - leia-se computadores.

O Banco Central, através da Circular Bacen n.º 2.727/96, enfatizou o objetivo da SELIC, dispondo que:

> "(...) destina-se ao registro de títulos e depósitos interfinanceiros por meio de equipamento eletrônico de teleprocessamento, em contas gráficas abertas em nome de seus participantes, bem como ao processamento, utilizando-se o mesmo mecanismo de operações de movimentação, resgates, ofertas públicas e respectivas liquidações financeiras".

Dentre os títulos que são registrados na SELIC, encontram-se, portanto, as letras do Tesouro Nacional (LFT, LTN, NTN) e do Banco Central do Brasil (NBC, BBC e LBC).

Especificamente quanto à taxa SELIC, pode-se dizer que sua formalização ocorreu em 15 de junho de 1986, por meio da Resolução n.º 1.124, passando ela a traduzir um referencial aos rendimentos do SISTEMA ESPECIAL DE LIQÜIDAÇÃO E CUSTÓDIA.

Para calculá-la, utilizou-se a taxa média ajustada nos financiamentos apurados no seu sistema, tudo com vistas à remuneração dos títulos do Banco Central do Brasil (para acrescer ao valor nominal das letras uma certa compensação).

A taxa SELIC passou a ter a finalidade de analisar as variações das operações do sistema, e, ao mesmo tempo, impor aos títulos um rendimento pelo investimento feito pelos tomadores das letras da dívida pública.

No entanto, como bem observa o eminente Ministro Domingos Franciulli Netto, do Superior Tribunal de Justiça, não há previsão legal quanto ao que seja a taxa SELIC, determinando a lei apenas a sua aplicação.

A definição que melhor se enquadra à taxa em debate é a constante da Circular Bacen n.º 2.868/99, repetida na Circular Bacen n.º 2.900/99, ipsis litteris:

> *"Define-se Taxa Selic como a taxa média ajustada dos financiamentos diários apurados no Sistema Especial de Liquidação e de Custódia (Selic) para títulos federais."*

Suscitada taxa, então, reflete a liquidez dos recursos financeiros no mercado, especificamente quanto à média dos juros nas denominadas operações overnight .

Não se tem, entretanto, uma definição legal quanto à sua verdadeira natureza jurídica.

A Lei n.º 9.065/95, que alterou as disposições da Lei n.º 8.981/95, substituiu os juros de mora pela taxa em discussão, determinando a sua aplicação aos débitos fiscais em atraso.

Ocorre que a taxa SELIC não reproduz os índices necessários à cobrança de débitos tributários, eis que além de haver sido criada apenas com o fim de analisar e remunerar o mercado dos títulos da dívida pública, sua instituição se deu em dissonância com princípios constitucionais.

Verifica-se a incontroversa violação a vários princípios constitucionais tributários, que representam garantias constitucionais do contribuinte .

Diferenciando princípios e normas em geral (regras), Ronald Dworkin enfatiza que:

> *"os princípios têm uma dimensão que as regras não possuem – a dimensão de peso ou de importância".*

No caso da taxa sob análise, violados foram os seguintes princípios constitucionais: princípio da legalidade; princípio da proporcionalidade; princípio da razoabilidade; princípio da segurança jurídica.

O entendimento inicial quanto à sua ilegalidade e inconstitucionalidade foi obra do já citado Ministro Domingos Franciulli .

Depois disso, o Superior Tribunal de Justiça já se manifestou contrariamente à SELIC em vários casos. Confira-se o seguinte, com votação unânime do plenário da 2ª Turma do STJ, no Resp. n.º 215.881-0-PR, que teve como Relator o Min. Franciulli Netto, DJ 03.04.2000, ipsis litteris:

> *"Ementa: Tributário – Empréstimo compulsório – Aplicação da Taxa Selic – Art. 39, § 4º, da Lei n.º 9.250/1995 – Argüição de inconstitucionalidade. I – Inconstitucionalidade do §4º do art.39 da Lei n.º 9.250, de 26 de dezembro de 1995, que estabeleceu a utilização da Taxa Selic, um vez que essa taxa não foi criada por lei para fins tributários. II – Taxa selic, indevidamente aplicada como sucedâneo dos juros moratórios, quando na realidade possui natureza de juros remuneratórios, sem prejuízo de sua conotação de correção monetária. III – Impossibilidade de equiparar os contribuintes com os aplicadores; estes praticam ato de vontade; aqueles são submetidos coativamente a ato de império. IV – Aplicada a Taxa Selic há aumento de tributo, sem lei específica a respeito, o que vulnera o art. 150, inciso I, da Constituição Federal. V*

> *– Incidente de inconstitucionalidade admitido para questão ser dirimida pela Corte Especial. VI – Decisão unânime."*

Desta maneira, inadmissível é a utilização da SELIC para a atualização dos supostos débitos formalizados contra o autor.

V. DO PEDIDO E DA NECESSIDADE DA TUTELA ANTECIPATÓRIA

Passada a exposição acima, que demonstra as irregularidades no processo administrativo instaurado na Secretaria do Patrimônio da União no Estado do Rio Grande do Norte, que classificou o imóvel do autor com sendo terreno de marinha, requer este a concessão da necessária tutela antecipatória, haja vista estarem presentes os requisitos da legislação processual civil.

Analisando o disposto no art. 273, Caput, do CPC, Nelson Nery Junior preleciona que:

> *"Embora a expressão 'poderá', constante do CPC 273, caput, possa indicar faculdade e discricionariedade do juiz, na verdade constitui obrigação, sendo dever do magistrado conceder a tutela antecipatória, desde que preenchidos os pressupostos legais para tanto, não sendo lícito concedê-la ou negá-la pura e simplesmente. Para isto tem o juiz o livre convencimento motivado (CPC 131): a) convencendo-se da presença dos pressupostos legais, deve o juiz conceder a antecipação da tutela; b) caso as provas não o convençam dessa circunstância, deve negar a medida. O que o sistema não admite é o fato de o juiz, convencendo-se de que é necessária a medida e do preenchimento dos pressupostos legais, ainda assim negue-a. A liminar pode ser concedida com ou sem a ouvida da parte contrária".*

O impasse na resolução da demarcação dos terrenos de marinha realizada pelas Delegacias do Patrimônio da União em vários Estados vem trazendo prejuízos incalculáveis para os proprietários destes imóveis, que são obrigados a recolher as denominadas "taxas", não obstante tamanhos vícios e ilegalidades cometidas pela União.

O denominado periculum in mora é fato inconteste, não sendo necessário frisar que a não concessão da tutela requerida colocará o autor em difícil situação, eis que ao pagar mencionadas "taxas", indevidas que são, deixará de dispor de seu capital à satisfação de outras obrigações.

Eduardo Melo de Mesquita observou recentemente que a nova redação dada pela Lei 10.444/2002 ao artigo 588 do CPC aponta para uma eliminação dos obstáculos à produção dos efeitos concretos, sem as amarras que fazem da decisão antecipatória, por culpa dos aplicadores, um verdadeiro vazio.

Frise-se ainda que a dicção do art. 273, I, do CPC, não deixa margem de dúvidas quando se refere aos "efeitos da tutela" e não à própria tutela.

Demais disso, o deferimento da medida não acarretará qualquer perigo de irreversibilidade, posto que a Fazenda Pública poderá cobrar tais exações do autor, eventualmente, sem qualquer prejuízo.

Prejuízo, aliás, só haverá em relação ao autor, que para receber eventuais créditos terá que inscrevê-los em Precatório Requisitório, cujo pagamento se perdura por anos, ou quem sabe até décadas.

VI. BREVES CONCLUSÕES

Em razão dos fatos e fundamentos ora apresentados, difícil não é constatar a plausibilidade das alegações que levam à garantia do direito do autor.

Ei-los, em suma:

a) Verifica-se que não houve respeito ao devido processo legal na esfera administrativa, uma vez que foi restringida a possibilidade, para o autor, de apresentar sua defesa, não constando do processo administrativo qualquer indício de que o autor tenha sido notificado pelas modalidade previstas em lei.

b) É possível verificar que a cartografia apresentada no processo instaurado pela DPU/RN encontra-se viciada, pela inexistência de assinatura de engenheiro ou responsável com exercício no órgão local do S.P.U.

c) Restou constatado que o imóvel encontra-se fora dos limites dos 33 (trinta e três) metros contados da LPM de 1831, conforme pode ser atestado pelo laudo realizado por agrimensor.

d) Não sendo terreno de marinha, a cobrança da "taxa de ocupação", in casu, é indevida, restando prescritos os supostos créditos relativos a 1997 e 1998, sendo também ilegal a aplicação da taxa Selic.

e) Não restam dúvidas de que os requisitos legais para a concessão da tutela pleiteada estão presentes.

VII. DOS PEDIDOS

Isto posto, requer o autor:

a) a concessão de tutela antecipatória para suspender os efeitos da inscrição do débito em dívida ativa da União, de modo que sejam expedidas, quando solicitadas, as competentes certidões de débitos;

b) a citação da União Federal;

c) julgue procedente o pedido, declarando serem inexigíveis, in casu, as "taxas de ocupação" que vêm sendo cobradas sobre o imóvel em questão, com a conseqüente nulificação dos débitos até hoje constituídos pela União Federal, condenando a ré em custas e honorários advocatícios;

d) alternativamente, o reconhecimento da ocorrência do fenômeno jurídico da prescrição face aos débitos relativos aos anos de 1997 e 1998, bem como seja declarada a ilegalidade na utilização da Taxa Selic para atualização dos supostos débitos;

e) a intimação do órgão ministerial;

Protestando pela produção de todas as provas admitidas em lei, atribui à causa o valor de **R$ XXXXXXXXXXXXXXXXXXXX.**

Natal/RN, XXXXXXXXXXXXXXXXXXXXXXX.

XXXXXXXXXXXXXXXXXXXXXXXXXX

OAB/RN XXXXX

REFERÊNCIAS BIBLIOGRÁFICAS

AMARAL, Antônio Carlos Cintra do. Teoria do ato administrativo. Belo Horizonte: Fórum, 2008.

BASTOS, Celso Ribeiro. Direito Constitucional Econômico. São Paulo: Celso Bastos Editor, 2000.

CAMMAROSANO, Márcio; HUMBERT, Georges Louis Hage. Direito Público – Estudos e Pareceres. Belo Horizonte: Fórum, 2011.

DI PIETRO, Maria Sylvia Zanella. Direito Administrativo. 30 ed. Rio de Janeiro: Forense, 2017.

HUMBERT, Georges Louis Hage. Curso de Direito Urbanístico e das Cidades. Rio de Janeiro: GZ, 2017.

HUMBERT, Georges Louis Hage. Funções sociais das cidades: conteúdo jurídico. Salvador: Dois de Julho, 2015.

HUMBERT, Georges Louis Hage. Função socioambiental da propriedade imóvel urbana. Belo Horizonte: Fórum, 2009.

MEIRELLES, Hely Lopes. Direito Administrativo brasileiro. 20. ed. Atualização de Eurico de Andrade Azevedo, Délcio Balestero Aleixo e José Emmanuel Burle Filho. São Paulo, Malheiros, 1995.

MEIRELLES, Hely Lopes. Direito Administrativo Brasileiro. 30. Ed. São Paulo: Malheiros, 2005.